UN ELEFANTE EN LA HABITACIÓN

Historias sobre lo que sentimos y no nos animamos a hablar

Juan Tonelli

UN ELEFANTE EN LA HABITACIÓN

*Historias sobre lo que sentimos
y no nos animamos a hablar*

Grijalbo

Un elefante en la habitación
Historias sobre lo que sentimos y no nos animamos a hablar

Tercera edición en Argentina: noviembre, 2022
Primera edición en México: enero, 2024

D. R. © 2023, Juan Tonelli

D. R. © 2021, Penguin Random House Grupo Editorial, S.A.
Humberto I, 555, Buenos Aires

penguinlibros.com

D. R. © 2024, derechos de edición mundiales en lengua castellana:
Penguin Random House Grupo Editorial, S. A. de C. V.
Blvd. Miguel de Cervantes Saavedra núm. 301, 1er piso,
colonia Granada, alcaldía Miguel Hidalgo, C. P. 11520,
Ciudad de México

penguinlibros.com

ISBN: 978-607-384-009-5

Impreso en México – *Printed in Mexico*

*Hay que abrir los ojos a la evidencia de que nada
es más disparatado que la existencia humana.*

JACQUES LACAN

Prólogo

Tengo el honor de presentar unas pinceladas de vivencias interiores siendo el protagonista de cada relato un niño, a veces una niña, un joven o un adulto maduro. A través de susurros que delatan experiencias íntimas, el autor va revelando los secretos de cada personaje. Las sensaciones son íntimas, confidenciales y ambivalentes. Entonces, los personajes van permitiendo vislumbrarlas a través de circunstancias triviales de la vida cotidiana.

Los puntos de vista de los niños que hemos sido —tomando en cuenta que los recuerdos han sido transformados por los años transcurridos— conservan aún el dolor descarnado por no habernos sentido amados, además de la evidente impotencia infantil que no nos permitía modificar nuestra realidad afectiva. Los relatos manifiestan la búsqueda pretérita de un reconocimiento que no obteníamos, la humillación imperceptible por parte de otros individuos —niños o adultos—, la soledad, la distancia tangible entre el universo de las personas grandes y el nuestro, la figura inalcanzable de nuestra madre, la poca percepción de los adultos que nos cuidaban respecto a nuestras necesidades o anhelos, la dificultad para adaptarnos a aquello que se pretendía de nosotros, los sueños inconquistables, los obstáculos para establecer vínculos con otros niños sin obtener apoyo ni compañía para dichas travesías y las contrariedades frecuentes del día a día.

Cada una de las descripciones —ordenadas en cuentos cortos— utiliza distintos colores para expresar las heridas del alma infantil.

Hay cuentos que reflejan un *continuum* —en el comportamiento adulto— de las mismas penas, pero transformadas. Anhelos o ideales forjados a la luz de malos entendidos o de mandatos obsoletos. Búsquedas de maestros que nos aporten una direccionalidad al sentido de nuestras vidas. Amores ocultos o contradictorios respecto a nuestras decisiones morales. Vínculos complejos con hijos adolescentes. Las problemáticas de trabajo o dinero. La pertenencia social y los precios que pagamos. En fin, la vida misma.

El texto está construido por un conjunto de piezas de mosaicos que se van entrelazando, por momentos convergiendo en sentimientos comunes —esperando la identificación del lector— y en otros pasajes sorprendiendo con acontecimientos extraordinarios. El lenguaje es claro, coloquial y cercano, invitando a la lectura en tiempos de velocidades virtuales. *Un elefante en la habitación. Historias sobre lo que sentimos y no nos animamos a hablar* nos garantiza algunos instantes de encuentro con nosotros mismos. Por eso vale la pena.

LAURA GUTMAN

Introducción

Solo cuando la compasión está presente,
las personas se permiten ver la verdad.

GABOR MATE

"Es de esos tipos que cuando te estás bajando la bombacha te invita a ir al cine".

La metáfora de mi amiga —veterana en cuestiones sentimentales— me hizo reír y disparó varias preguntas. ¿Qué pasaría por el corazón de ese hombre para actuar así? ¿Cuál sería su historia de vida, sus miedos, para que la intimidad le resultara tan intolerable?

Pensé en esas situaciones en las que hay un tema enorme, evidente, ineludible en el que pese a tomarnos por completo somos incapaces de abordar. Como si hubiera un elefante en la habitación y nosotros hiciéramos como que no existe.

A veces lo ignoramos porque nos resulta tan doloroso que no soportamos verlo. O lo evadimos para evitarnos un conflicto; por ser un tema tan sensible no queremos ni acercarnos. Y ahí queda archivado durante años en un pacto tácito: hacemos como que no ocurrió a cambio de que no duela. Pero duele.

Siempre me interesaron las historias de vida. Las reales, no las de la revista *Caras*. Como la de este señor, que cuando estaban dadas las condiciones para revolcarse con una mujer que le encantaba salió corriendo.

Conocer los problemas de otras personas, sus contradicciones y dualidades, fue la manera que encontré de acercarme a mis fantasmas. De otra forma hubiera sido imposible porque ¿quién se anima a mirar a los ojos a sus propias miserias?

Las historias de vida me sirvieron para ver mis vulnerabilidades de una forma digerible, y también para darme cuenta de que no estoy tan solo. Al final, yo que estaba convencido de que mi problema era único en la historia de la humanidad vengo a descubrir que hay millones de personas con situaciones parecidas.

La mayoría de estos relatos están escritos en primera persona tal como me los contaron sus protagonistas. Seres lastimados, fantasiosos, aterrorizados, a veces delirantes. Como yo.

Comprendí que el tema no eran las dificultades en sí —que todos las tenemos y son similares—, sino ser incapaces de abordarlas porque duelen.

Ojalá que estos relatos sirvan para identificar y enfrentar esos elefantes que todos tenemos en la habitación.

JUAN TONELLI

Un elefante en la habitación

(Cuando no podemos hablar de lo único
que nos importa)

*Las ruinas son a menudo las que
abren ventanas para ver el cielo.*

VICTOR FRANKL

"Hay que prestar especial atención a lo que dice el paciente cuando está por irse; es probable que sea lo más importante, aquello de lo que quiso hablar durante toda la sesión y no se animó", aconsejaba Freud a sus discípulos.

Al escuchar esa historia me reí para mis adentros. No era el único estúpido que no podía hablar de lo que le importaba.

—¿Que los trae por acá? —nos preguntó el terapeuta.

Mi esposa y yo nos miramos con una mueca que no llegaba a ser risa. ¿Por dónde empezar? Sintiendo la responsabilidad porque el hombre es quien tiene que liderar, sostener y todas esas estupideces, intenté una respuesta:

—Hace un tiempo que estamos en crisis; nos cuesta entendernos. A veces parecemos los constructores de la Torre de Babel que hablan idiomas distintos. Yo digo celular y ella me contesta apio. Ella dice Sídney y yo le respondo cinturón...

El terapeuta, que era un señor mayor, se rió.

—¿Y cuáles son los motivos más frecuentes de esos desencuentros?

Uff que fiaca, pensé para mis adentros. *¿Le vamos a tener que explicar todo a este hombre?* Paralelamente, un tema interpelaba mi alma. Llevaba un año teniendo un tórrido romance que había socavado mi matrimonio. Como aconsejaban los manuales y los amigos, eso nunca se podía blanquear a la pareja. Era un camino sin retorno, una herida de la que es difícil recuperarse. Algunos dicen que es un delito de lesa humanidad porque no prescribe nunca, te lo van a reprochar hasta el final de tus días.

Me habían recomendado a este terapeuta porque estaba especializado en parejas. Se lo propuse a mi mujer, aun sabiendo que no iba a poder hablar de lo más importante, y es que yo estaba enamorado de otra persona. Y si uno no puede plantear lo que más le angustia, ¿de qué habla? ¿Para qué va? ¿Para tener la conciencia tranquila y mostrarles a los demás y a nuestra futura ex pareja que hicimos todos los esfuerzos?

Entre los dos le explicamos un poco la situación. Lo hicimos tan respetuosamente que más que una pareja que se había lamido con desesperación, parecíamos dos embajadores. Nadie quería lastimar al otro por lo cual la conversación fue políticamente correcta y algo estéril.

Terminó la primera sesión en paz y salimos en silencio. Nos fuimos a tomar un cafecito, contentos de intentarlo y de que el diálogo no hubiera desencadenado una de esas guerras termonucleares que teníamos seguido.

Al día siguiente, **mientras mirábamos una película de dibujitos animados, mi hija gritó:**

—**¡Están enamorados!**

—**¿Y cómo te das cuenta?** —**quise saber.**

—**¡Porque juegan y se divierten!** —**me contestó como algo obvio. Con sus cinco años, nunca pudo dimensionar hasta qué punto acababa de exponerme contra mi cruel realidad. ¿Cuánto hacía que yo no jugaba ni me divertía con mi pareja?**

Con el correr de los meses si bien me alegraba hacer el esfuerzo de ir juntos a terapia, también me hacía mal. Una parte de mi corazón no quería que nada se arreglara porque si reencauzaba mi matrimonio iba a tener que abandonar a Tere y eso me resultaba intolerable. Era una de las cosas más lindas que me pasaban en la vida.

—¿Hubo terceros? —nos preguntó un día el terapeuta.

Me quedé helado. Tuve el impulso de contarles la verdad a él y a mi esposa. Dejar la clandestinidad, la doble vida, la escisión. Mi mente me arruinó los sueños de libertad recordándome que eso no era posible. ¿Cómo el terapeuta nos hacía una pregunta tan directa? ¿Podía ser tan pelotudo? Los temas sensibles rara vez se pueden abordar de manera frontal, por lo general requieren que nos acerquemos en puntas de pie. Este infeliz imaginaría que yo le iba a contestar: *Sí doctor, hace un año que me estoy cogiendo a otra.*

—No —contestamos a coro con mi mujer.

Después de algunas sesiones el terapeuta ya entendía un poco los síntomas, principalmente mi enojo con ella porque vivía para el trabajo y los hijos, y nunca tenía tiempo para nosotros. Yo sabía que eso era verdad a medias, porque también era cierto que mi esposa representaba el obstáculo a la felicidad de estar con mi gran amor.

Unos pocos amigos que estaban al tanto de mi pequeño calvario insistían en que era culpa suya:

—Te enamoraste de otra porque ella no te da bola. Si te hubiera cuidado un poco no te habría pasado nada; el que come bien en casa no necesita cenar afuera.

Yo reconocía que mi esposa no tenía energía ni tiempo para mí; pero también me preguntaba si el enamoramiento fulminante que vivía, no habría ocurrido igual aunque ella me prestara atención.

Pasaban los meses y nuestra terapia de pareja no iba para ningún lado. Para peor, como mi mujer viajaba mucho, a la mitad de las sesiones iba solo. En esas involuntarias sesiones individuales tenía la tentación de contarle la verdad al terapeuta, y así darle todos los elementos para que pudiera ayudarnos mejor. Pero al final me reprimía: era un señor de más de ochenta años y me daba miedo de que en alguna sesión de pareja se le cruzaran los cables y mi mujer se enterara de la verdad de la peor forma. Cada semana me preguntaba a mí mismo para qué seguía haciendo terapia sino iba hablar de lo que me estaba pasando.

Cansado de que mi mujer faltara a las sesiones tan seguido, le dije:

—Suspendamos. La terapia de pareja es de a dos y acá la mitad de las veces voy solo.

En algún sentido la estaba haciendo responsable de ese fracaso y de la profundización de nuestra crisis. Me miró con miedo, consciente de que estábamos dejando escapar uno de los últimos trenes que nos quedaban.

Pobre, ella estaba en una encrucijada; no quería tirar por la borda nuestro matrimonio pero por su propia historia de vida tampoco podía dejar de trabajar compulsivamente. **Era la forma de protegerse de los problemas que había vivido su madre y que ella no quería repetir. No quería depender de hombres que podían abandonarla o ser incapaces de mantener una familia.** Como una ironía del destino nuestra crisis potenciaría su dilema: *¿Y si dejo el trabajo para salvar mi matrimonio e igual nos separamos?*

Mes tras mes nuestra relación seguía hundiéndose. No hay nada suficientemente malo que no pueda empeorar aún más. Llegó un tiempo en el que ya no podíamos hablar de nada. Y ojalá fuera que no nos entendíamos; la nueva realidad era que todo lo que hacía el otro nos irritaba. Qué tristeza que nuestro amor se hubiera transformado en esto. Lo único que nos mantenía juntos eran nuestros hijos. Nada menos.

Con el correr de los meses me sentía cada vez más aislado de mi esposa. Sin poder aguantar más la doble vida, ni la atmósfera horrible que teníamos en casa, tomé la decisión de irme. No podíamos seguir viviendo así. El único dilema era si contarle la verdad o no. Las pocas personas de mi

confianza que estaban al tanto de la situación me recomen-
daban ocultar mi romance para protegerla. Yo en cambio,
sentía que tantos años y experiencias compartidas obligaban
a una conversación sincera. La verdad podrá ser dolorosa,
pero a partir de ella se puede construir.

Una tardecita le propuse salir a cenar. Pero en el ascen-
sor cambié los planes y le dije que tenía ganas de caminar. En
el fondo no quería sentirme como El Padrino que se sentaba
a almorzar con otras personas sabiendo que las mataría durante la comida, después de buscar el revólver en el tanque de
agua del baño. Para no andar con vueltas, apenas llegamos a
la esquina le dije:

—Me voy a ir de casa.

Caminamos una cuadra en silencio. Después de todo, lo
que había dicho no era algo que ella no viera venir.

—Una cosa es hablar de la muerte y otra distinta es morirse —dijo lacónica.

Hicimos dos cuadras sin decir una palabra hasta que
tiré la bomba atómica.

—Estoy enamorado de otra mujer.

Siete cuadras de silencio después nos sentamos en un bar.

—¿La conozco?

—Es Tere —dije ahorrándole preámbulos.

—¡Cómo me cagaron!

Teresa era mi amiga, no la suya. Pero el hecho de que los
matrimonios hubiéramos salido algunas veces juntos habili-
taba a catalogarlo como traición agravada. Después de una
conversación que fue una montaña rusa y en la que pasamos
de la desolación a la locura, del amor al odio y otra vez al

amor, volvimos a casa y nos revolcamos. "Todos los incurables tienen cura cinco segundos antes de la muerte".[1]

—¿Querés pelearla? —me preguntó en la charla post sexo.

¿Cómo no hacerlo? Tantos años y vivencias juntos, dos hijos...

—Obvio —le dije convencido mientras la abrazaba.

Pocos días después me propuso retomar la terapia de pareja. Apenas llegamos al consultorio, pusimos todas las cartas sobre la mesa. Las sesiones fueron difíciles; ella estaba muy lastimada y yo quería estar con otra mujer. ¿Cómo podía salir algo bueno de eso? Después de pocas sesiones volvimos a suspender, esta vez en forma definitiva. Mi mujer estaba enojada con el terapeuta porque según ella no se daba cuenta de que todo era culpa mía.

En los días siguientes a nuestra conversación fatal ella me confesó que pocos meses antes se había acostado con un antiguo novio. Estábamos tratando de remarla y parecía una buena oportunidad para hablar de todo lo que no nos habíamos contado en nuestro largo matrimonio. ¿Por qué no lo habremos hecho antes?

Semanas después tuvimos una nueva crisis porque ella percibía que mi corazón estaba en otro lado. Intenté explicarle que me iba a llevar tiempo olvidar, que no podía desenamorarme apretando un botón. Que uno no elige enamorarse, que es algo que nos sucede. Que por eso en inglés se dice "caer en el amor", que era un tema bien complejo.

---

1 Almafuerte.

19

Queriendo demostrarme que era un tema manejable, me confesó que había estado muy enamorada de otra persona y que había podido cortar.

—¿Cuándo fue?

—Pocos meses después de nuestro casamiento.

Al escuchar semejante revelación me reí de mí mismo. *Qué ingenuos que somos los hombres que no nos enteramos de nada,* pensé.

Seguimos agonizando unos meses más hasta que finalmente me fui de casa.

Durante años callé lo que me tomaba en cuerpo y alma, convencido de que mi pareja sería incapaz de soportar mi verdad. Tenía la esperanza de que al no enfrentar ese elefante que había en nuestra habitación, desaparecería solo. Aunque íntimamente supiera que eso no iba a pasar.

A la luz de los hechos mi silencio no sirvió de mucho. No pude evitarle el sufrimiento a mi mujer y **la realidad terminó siendo más dura que la verdad que oculté para protegerla.**

Igual, después de contarle todo tampoco nos fue mejor. Aunque al principio me sentí liberado del peso de mi secreto y de la dualidad con la que había vivido tanto tiempo, el problema de fondo seguía intacto: yo estaba enamorado de otra persona. Con mi confesión se fue la angustia pero se instaló el dolor.

Pasaron muchos años y varias preguntas siguen habitando mi corazón. ¿Tendría que haber hablado de entrada? ¿Pude haber hecho algo más para cambiar un destino que resultó inexorable? ¿Cómo hubiera sido mi vida si no me hubiera separado?

No hay respuestas. Solo sé que con los recursos que tenía hice lo mejor que pude.

Y aunque a veces me cueste comprenderla, confío en que la vida me lleva por los lugares exactos que necesito caminar.

El problema de creer que el elefante en la habitación desaparecerá solo es que probablemente crezca hasta ocupar todo el espacio y destruirlo.

Aunque con frecuencia es la única forma que encontramos para derribar nuestros muros.

Buenas costumbres

(Qué tan lejos somos capaces de llegar
para tapar nuestras vulnerabilidades)

Cuando el chofer llamó a subirse al ómnibus para continuar el viaje, Nelly pensó en ir a hacer pis, pero como no tenía tantas ganas al final no fue. Ya arriba del micro y mientras jugaban a las cartas, aceptó unos mates de un matrimonio amigo. No fueron muchos porque entonces los buses no tenían baño y ella no quería tener problemas.

Después de unas horas de recorrido empezó a preocuparse. Nadie se acuerda de las muelas si no tiene una caries y tampoco de la vejiga hasta que empieza a presionar. Inquieta, miró por la ventanilla tratando de buscar algún indicio que le permitiera estimar cuánto faltaba. No encontró nada; solo algún animal muerto y una ruta desértica sin señalizaciones de ningún tipo. Mientras el traqueteo generado por el ripio de la ruta movilizaba el líquido que retenía, la compañera del asiento de atrás le ofreció otro mate.

—No gracias, si no me voy a pillar encima —le agradeció riéndose.

Más allá de sus risas Nelly sabía que estaba en problemas. Como en tantos órdenes de la vida, todo parecía manejable hasta que dejaba de serlo. Respiró hondo y exhaló un par de veces para ver si se relajaba.

A la distancia vislumbró un cartel destartalado. Hizo un esfuerzo para entenderlo pero entre el polvo levantado y los balazos que tenía la chapa, no se entendía nada.

—Kari, por qué no le preguntás al chofer cuánto tiempo falta para llegar —le dijo a su hija más chica que estaba sentada a su lado.

Como estaba aburrida, Karina recorrió el pasillo del micro contenta. Después de hablar con el chofer volvió hamacándose sobre los apoya brazos de todos los asientos. Antes de llegar a donde estaba su mamá se paró a charlar con la tía. La conversación parecía eterna y Nelly se impacientaba.

—¿Jugamos al truco? —le propuso su primo.

—Dale —contestó Karina ajena a lo que vivía su madre—. Ah, esperá que tengo que ir a decirle algo a mamá.

Karina se acercó a su madre y le dijo:

—Faltan unas dos horitas, ma —y luego se fue a jugar con su primo.

Nelly sintió que el mundo se venía abajo. No había ninguna chance de aguantar otras dos horas. Tomó el rosario que tenía en su cartera y empezó a rezar.

—Dios te salve María, llena eres de gracia...

Rezó el rosario en diez minutos, cinco menos de los que toma habitualmente. Miró su reloj. Suspiró y empezó a rezar otro. Sin darse cuenta lo hacía cada vez más rápido, a la par de la creciente presión que sentía en la vejiga. Cuando estaba por terminarlo una de sus amigas se acercó a conversar.

Nelly estaba enojadísima consigo misma. Se maldecía por no haber hecho pis y ahora también por ser incapaz de despachar a su amiga. Era mucho más importante seguir rezando el rosario que hablar estupideces con una compañera. El rezo podía ayudarla con una pinchadura de neumáticos o algún otro milagro. En cambio, la charla no servía de nada. Para peor, su amiga hablaba sin parar, criticando a varias personas del tour.

—¿Viste las calzas que traía? No podés ponerte eso... ¡Y encima naranjas! No se enteró que su culo es más grande que un lavarropas.

—Y sí... —asintió Nelly sin moverse. Ajena a toda esa conversación, tenía miedo de que al reírse se le escaparan unas gotas de pis y ya no pudiera controlarse. Imaginó el placer de cuando finalmente pudiera ir al baño.

—Bueno, me voy para adelante —se despidió su amiga.

Mientras Nelly seguía aguantando como podía, su hija volvió y se sentó a su lado.

—¿Me dejás sentarme en la ventanilla, ma?

—Calláte y escúchame —ordenó su madre.

Karina comprendió al instante que algo no andaba bien.

—Pedile el diario a tu padre.

Fue a buscar el diario y se lo entregó.

—¿Qué querés leer, ma?

—Nada.

Y acercándose al oído, le dijo:

—Hace más de una hora que me estoy aguantando y no puedo más. Me voy a hacer pis encima. Para eso te pedí los diarios.

Su hija la miró sorprendida.

—Pero ma, le decimos al chofer que pare dos minutos y hacés en cualquier lado.

—¡No! Imaginate la vergüenza de que todos los pasajeros del tour estén esperando a tu madre mientras pilla. Y ni hablar si alguno me ve, ¿cómo vuelvo a subir al micro? ¿Cómo sigo de excursión la semana que falta?

—¿Y quién te va a ver si te vas a doscientos metros?

—¡Ni loca!

Nelly se despegó unos centímetros del asiento, puso todos los diarios debajo de su cola y se sentó nuevamente.

—Quedate quieta, no te muevas ni llames la atención —le ordenó a su hija.

Mucho más avergonzada que su madre, Karina se quedó inmóvil, apretándose fuerte las manos. Se sentía cómplice de un delito. Después de un minuto, Nelly le dijo con un tono completamente diferente:

—Ya está. Fijate si en el estante de arriba encontrás una bolsa con frutas. Bajámela rápido antes de que el pis pueda traspasar los diarios y chorrear al piso.

Como un robot sin emociones, Karina hizo lo que le ordenaron. Agarró la bolsa de nylon con naranjas y se la entregó a su madre sin siquiera mirarla a los ojos. Nelly sacó las frutas y las puso en el elástico del asiento de adelante. Después se levantó unos centímetros y tomó los diarios por las puntas.

Sin quererlo, Karina se encontró mirando el periódico como hipnotizada; su morbo necesitaba comprobar que era cierto.

Vio cómo su madre puso todos los diarios adentro de la bolsa de nylon y los apretó para achicar su tamaño. Cuando observó que el líquido amarillento se juntaba en la base sintió asco y giró su cabeza para otro lado.

Después de que Nelly se asegurara de que nadie miraba, abrió la ventanilla con rapidez y tiró la bolsa para afuera.

—Gracias por acompañarme, hijita.

Bajar del bus no fue un problema, era de noche y Nelly se puso una campera larga que le cubrió toda la mancha del pantalón. Para ella el episodio terminó ahí. A su hija, en cambio, le tomó años comprender lo lejos que son capaces de llegar las personas para no quedar expuestas.

Antes muerto que vulnerable.

Más que sermonear a tus hijos, recordá que te están mirando.[2]

_____

2 Alex Rovira.

El camaleón

(Fingir para sobrevivir)

Estás solo. No lo sabe nadie. Cállate y finge.

Fernando Pessoa

—¿Qué auto tenés? —me preguntó Agustín Anchorena.

—No me acuerdo —le contesté haciéndome el colgado.

—¿Cómo no sabés qué auto tiene tu viejo?

—Es que en el último tiempo lo cambió tantas veces que ya no sé cuál tiene ahora —dije saliendo del paso.

Aunque no me confrontó no me creyó nada. En pocos minutos varios compañeros murmuraban, burlándose de mí. Aguanté estoico la situación; era mejor que se rieran de mi mentira a que se rieran de la verdad.

Por entonces no había muchas marcas de autos. Pero en el colegio aristocrático al que iba, el piso aceptable con el que todo parecía estar bien era un Ford Falcon. Papá tenía un modesto Fiat 1500 y yo no sabía a dónde meterme.

—Pa, me bajo acá.

—¿Seguro? Faltan un par de cuadras…

—Es que necesito conseguir un mapa que no está en la librería del cole.

Nunca se enteró de que en las pocas veces que me llevaba, siempre me bajaba dos cuadras antes. Cualquier excusa servía para no quedar expuesto ante mis compañeros. Por suerte, cuando tenía once años, papá le compró el Ford Falcon Standard al abuelo, que si bien era de un color espantoso me salvó la vida. Ya no tendría que bajarme antes ni angustiarme si preguntaban qué auto tenía. Pero lamentablemente la paz nunca es duradera.

Usar zapatillas Adidas era ser miembro del Olimpo. Con las Topper estaba todo bien y aunque no las usaran grandes estrellas representaban el límite entre estar adentro o afuera. En una época de pocas marcas no existía margen para los tibios; o pertenecías o eras un paria, un bárbaro fuera de las fronteras del imperio. Mamá nos compraba unas Flecha y la situación era desesperante. Creo que ganaba las carreras con la esperanza de que nadie me pudiera alcanzar y viera el calzado de pobres que usaba. O quizás, anticipando que el éxito todo lo tapa.

Con las vacaciones ocurría lo mismo. Unos pocos elegidos como Andrés Laprida, iban a la glamorosa Punta del Este. El resto se dividía entre pasarla en sus imponentes estancias o veranear en Playa Grande. Mi familia no tenía campos y si bien terminábamos yendo a Mar del Plata, lo que parecía ser bueno no lo era. En esa enorme ciudad balnearia las diferentes playas definían las castas sociales. Playa Grande era lo top, donde veraneaba la gente linda, con campos, Falcon, Adidas y apellidos ilustres. Por el contrario, las playas del centro significaban lo vulgar, donde vacacionaba el proletariado. Ahí íbamos nosotros, con una heladera portátil de telgopor llena de sándwiches y varios termos.

—¿Adónde vas de vacaciones? —me preguntó Lucio O. Farrell.

—A Mar del Plata —contesté.

—Buenísimo, entonces nos vemos en el Ocean.

—¡Dale!

Yo sabía que nunca nos veríamos en ese exclusivo club de Playa Grande. Pero prefería eso a rogarles a mis padres que me llevaran y exponerme a que alguien viera nuestro Fiat. O peor aún, arriesgarme a que los padres de algún amigo me trajeran de vuelta.

—¿Adónde te llevamos? —preguntó una vez la mamá de Pinedo.

—A Colón y Lamadrid.

—¿A la Bristol? —dijo con cara de asco.

No supe qué decir y me quedé mudo todo el viaje de regreso a ese barrio de gente común. Me juré que nunca más me volvería a pasar.

Habiendo descubierto que yo no encajaba, que era como un instrumento que siempre desafinaba, aprendí a pasar desapercibido, a volverme invisible. Desarrollé la extraña capacidad de hacer hablar a los demás para protegerme de tener que hablar de mí, de que me hicieran preguntas incómodas, de exponerme a ser juzgado.

La política también era un problema. En mi adolescencia el país estaba partido en dos mitades irreconciliables.

Como mis compañeros eran de familias rabiosamente antiperonistas yo vivía criticando a Perón y sus seguidores. El único detalle era que eso que fingía odiar resultaba ser el partido amado por mis padres.

Con mis compañeros iba a actos políticos opuestos al credo de mi familia. **Prefería no ser humillado a ser coherente. Para eso contaba con un gran aliado: la superficialidad de las personas. Tanto amigos como familiares nunca miraban en profundidad, facilitándome la supervivencia.** Igual, el peligro siempre acechaba.

—¿Tus padres son peronistas, no? —me disparó a quemarropa la madre de Pato Aramburu.

Yo temblaba como una hoja porque esa víbora sabía que mis padres eran peronistas. Su pregunta retórica evidenciaba que el odio podía ser más fuerte que el natural impulso de no hacer sufrir a un chico. Además, en el fondo de mi corazón sentía el dolor de negar mis raíces.

A mis trece años se presentó una oportunidad. Encontré una idea simple y poderosa que podría transformar mi vida: dejar atrás esa identidad que me traía tantos problemas. Ser alguien nuevo, acorde a su hábitat. Unos se cambian el apellido, otros de empresa, de barrio, de amigos, de mujer, adelgazan, se tiñen. Lo mío era más sutil y poderoso: cambiar de nombre.

Fuera del ámbito del colegio empecé a destacarme jugando al tenis. En las competencias de clubes me llamaban por mi primer nombre, Ignacio. Nunca me decían Oscar o peor aún, Ignacio Oscar. Se me ocurrió que si dejaba de llamarme Oscar, podría dejar atrás los problemas asociados a ese nombre. Por otra parte, Nacho resultaba mucho más glamoroso, acorde a mi colegio. Me ilusionaba con superar el dolor y el esfuerzo permanente de tratar de ser alguien distinto de quien era.

—¿Te cambiaste el nombre? —me preguntó Anchorena.

—Es que en los torneos de tenis a los que voy siempre te llaman por el primer nombre y me fue quedando Nacho —minimicé.

Puso la misma mueca que cuando le dije que no me acordaba el auto que teníamos. Pese a todo, seguí adelante. En menos de un año mi nueva identidad estaba totalmente incorporada al sistema. Tenía un nombre valorado, atractivo, como ellos. De vez en cuando aparecía alguna tía abuela llamándome Osqui y aunque me sentía expuesto y la quería matar, no tenía más remedio que tolerarla, deseando que el peligro pasara rápido. ¿Quién quiere a los testigos de nuestro pasado vergonzante? Por algo los revolucionarios asesinan a los compañeros que los ayudaron a tomar el poder.

Para mis dieciocho, cuando terminaba el colegio, muchas cosas habían cambiado. Como conté, mi padre había comprado el Ford Falcon de mi abuelo, fuimos un verano a Playa Grande, tuvimos zapatillas Topper.

Así y todo, el cambio no me dio lo que esperaba. **Mientras actuaba como los demás querían sentía una falsa paz por sentirme aprobado y un desgarro interior por saber que ese no era yo. Sentía angustia por tener que estar todo el tiempo pendiente de sostener un personaje y temor de que por cualquier error descubrieran mi verdad.**

Con decepción tuve que aceptar que nunca fui uno de ellos. Nunca pude ser otro. Seguí siendo el Oscar de siempre, aunque ahora me llamaran Nacho. La idea de que mi vida se arreglaría cuando fuera como los demás esperaban, fue solo una ilusión.

Nada más agotador y doloroso que tratar de ser lo que no somos.

¿Cómo sería nuestra vida si nos dejáramos en paz?

La *Playboy* y el Lego
(Solo los muertos no tienen contradicciones)

La coherencia es contraria a la naturaleza,
contraria a la vida. Solo los muertos
son plenamente coherentes.

ALDOUS HUXLEY

—¿Puedo comprar esta revista? —preguntó mi hijo.

—¿Cuál, la *Playboy*? —lo provoqué riéndome.

Pedro me había pedido una que estaba al lado pero mi propuesta lo sacudió. Tanto, que fue incapaz de enterarse de que era una broma. ¿Cómo no le iba a interesar ver mujeres desnudas si tenía catorce años y la testosterona a full?

Quien no entienda una mirada mucho menos comprenderá una larga explicación, dicen los árabes. Sin dudar un instante agarré ambas revistas y se las di con un billete para que pagara. Nuevamente su mirada lo dijo todo: no se animaba. Lo miré con ternura y con complicidad fui a pagar.

Apenas se las devolví las guardó en la mochila, no fuera cosa que alguien descubriera que era un psicópata sexual.

La noche nos encontró a todos tirados en mi cama; Pedro levantando temperatura con esas diosas desnudas. Diego, su hermano menor, tratando de espiar algo de reojo mientras simulaba jugar con sus Legos. Y yo, sobreactuando naturalidad aunque estaba pendiente de lo que ocurría.

Paseando juntos al día siguiente, Diego vio una juguetería enorme. Para tener paz el resto del día no tuve más remedio que entrar. Mientras recorríamos las góndolas con mis hijos me acordaba de mi infancia, ¿qué mayor felicidad que ir a elegir un juguete? Si existe el paraíso debe tener forma de juguetería.

Cada cosa que miraba me traía distintos recuerdos: muñecos, instrumentos, peluches, bicicletas, juegos de mesa, disfraces, mecanos, pinturas. La infancia es un universo en sí mismo. Diego se paró en la góndola de Legos a estudiar uno por uno. Pedro, quien solidariamente acompañaba a su hermano menor, vio algo que le iluminó la cara.

—¡El Lego City del departamento de policía! —dijo meneando la cabeza.

Lo miré buscando más información.

—Cuando tenía diez años hubiera dado la vida por tenerlo.

Como lo percibí nostálgico, le pregunté:

—¿Y ahora?

—¿Ahora qué?

—¿No te gustaría tenerlo?

Hizo una mueca extraña.

Quien no entienda una mirada mucho menos comprenderá una larga explicación.

—¿Pensás que si te interesa una *Playboy* ya no podés jugar con Legos?

Se puso colorado.

Lo agarré por el hombro y fuimos juntos a comprarlo.

A la tardecita volvimos al hotel. Después de cenar estuvo horas armando su Lego mientras la *Playboy* dormía sobre la mesa de luz.

Nunca entramos en los moldes que nos imponen. Y menos aún en los que nos imponemos nosotros mismos.

La máscara
(Mejor no pidas nada porque pueden decirte que no)

Cuando estábamos terminando el último año de jardín de infantes la escuela organizó un show de egresados. Quizás por el entusiasmo permanente que tenía, la maestra decidió que yo personificaría a la Alegría. Yo estaba orgullosa porque, ¿qué mejor halago podía existir que ser elegida para representar la alegría?

En las semanas siguientes trabajamos en preparar los disfraces y las escenografías. Una atención especial llevaba el diseño de las máscaras, eran una suerte de pancartas de unos cincuenta centímetros de diámetro que habría que llevar en alto, caracterizando el personaje que a cada uno le tocaba. La mía era una cara con una sonrisa inmensa que con la ayuda de mi maestra Susana pintamos de varios colores.

—¡Qué linda quedó, Sole! —me felicitó delante de todos mis compañeros. Yo estaba toda emocionada.

Llegó el día del acto y después de las palabras de la directora nos dieron una medalla conmemorativa. Entre besos y fotos vino un golpe bajo: nos hicieron formar una ronda con nuestras madres, tomarnos de las manos y cerrar los ojos. Mientras esperábamos a oscuras apreté fuerte la mano de mamá para asegurarme de que siguiera ahí. Me devolvió el apretón. En ese estado de sensibilidad empezó a sonar una canción hermosa. La escuchamos con las emociones a flor de piel y cuando abrí los ojos vi a mamá llorando.

Después de la canción venía el plato fuerte y todos fuimos a hacer nuestras coreografías. Mi alegría era tan grande que casi no me hacía falta la máscara. Bastaba con verme la cara para entender qué era lo que yo representaba. Hicimos todas las piruetas y cuando terminamos mamá me dio un abrazo fuerte y me llenó de besos.

—¿Qué me decís? —preguntó Susana al terminar el show—. ¡La personificación de la Alegría no pudo estar en mejores manos!

Con mamá nos reímos felices.

Todo iba terminando y yo todavía tenía la máscara en la mano. Antes de irnos teníamos que dejarlas en el aula, pero como se trataba de un cartón pintado por cada uno de nosotros tuve ganas de quedármela. Fui corriendo a ver a mi maestra y con una sonrisa le dije:

—¿Puedo llevármela?

Susana, que hablaba animadamente con algunos padres, se puso seria.

—No se puede, andá a dejarla en el aula.

Aquél "no", me desparramó.

Fue como chocar con un camión de frente, tan duro que no me animé a insistir. Los argumentos lógicos de que la había hecho yo, de que no costaba nada o de que difícilmente volvieran a usarla no pudieron salir de mi boca y se quedaron atrapados en mi corazón. *¿Por qué no me la das, Susana?*

Caminé hasta el aula mirando el piso y la apoyé junto a otras máscaras que ya habían dejado mis compañeros. Anestesiada, volví a buscar a mamá y nos fuimos. Con ese "no", además de la máscara de la Alegría, entregué mi alegría.

La tristeza duró un poco. Lo que siguió años, en cambio, fue el miedo a pedir. ¿Por qué será que nos sobreponemos de los golpes pasándonos al otro extremo? Como una vez nos dijeron que no, nunca más pedimos nada. Como en algunas ocasiones sufrimos por amor, no queremos volver a enamorarnos. Como fracasamos, no volvemos a intentarlo. Y ahí nos quedamos a salvo.

Y sin vida.

Como se sentó sobre una estufa y se quemó, el gato decidió nunca más volver a sentarse. Pero el problema no era sentarse, sino hacerlo sobre una estufa.

La separación
(No escaparse del dolor para poder superarlo)

Con los ojos hinchados de tanto llorar le dije:

—Llevate lo que quieras, total... ya te llevaste lo más importante...

—¡Si solo me llevé mi ropa!

—Te llevaste a vos. ¿Para qué me sirve todo lo demás?

A Luciano se le llenaron los ojos de lágrimas.

Se fue. ¿Cómo era posible? Él solo, con su bolsito, lejos de casa, de sus hijas, sus cosas, su vida. Evidentemente el problema era yo. O nosotros dos.

Me quedé en casa con todo pero sin él. Sola. Solísima.

Cuando iba al baño mi hija de siete años me hizo una pregunta. Le respondí como una autómata, totalmente anestesiada. El dolor no me permitía sentir ni conectar con lo que me estaba preguntando. Solo contesté desde la razón: una mierda, porque para eso estaba Wikipedia.

Me senté al borde de la cama, inerte. ¿Estaría viva? **La tele mostraba un documental** que nadie miraba. **Varios** leones atacaban a una jirafa que los observaba comerle sus propias vísceras sin inmutarse. O al menos eso parecía. Un biólogo explicaba que cuando los animales están siendo devorados, el cerebro apaga ciertos circuitos para no sufrir. La hipótesis tenía sentido. Algo así me estaría pasando a mí. Estaba desconectada, probablemente para no sentir que la vida me estaba devorando.

Después de un rato me paré como pude. Fui a cambiarme y al abrir el placar, sin darme cuenta abrí también las puertas del infierno. Luciano había dejado varias prendas, entre ellas una corbata que le había regalado cuando se recibió de arquitecto. Tratando de escaparme de ese objeto me topé con el traje que había usado en nuestro casamiento. Las piernas no me sostenían.

Cerré la puerta del cuarto como pude y me tiré en la cama. Estuve media hora sobreviviendo con dificultades para respirar. Después me paré, me fui a lavar la cara y volví al ruedo. Aunque yo me quería bajar, el mundo seguía girando.

Cuando terminamos de almorzar levanté la mesa y empecé a lavar los platos. Todo lo que veía me recordaba a él, lo habíamos elegido juntos. El juego del comedor, los sillones, el escritorio, los cuadros. Las plantas del jardín: las cañas de la India, los lirios, el jacarandá, los frutales.

Pensé en la historia de Buda cuando se iba a ir de la casa y su madre le rogó:

—Dame la gracia que al cerrar los ojos te vea.

—Te voy a dar algo mejor, me verás cada vez que los abras —contestó.

Para esa madre ver a su hijo en cada cosa era una bendición. Para mí, en cambio, encontrar a Luciano en todo era una maldición. Los objetos me perseguían, me acorralaban.

Me puse a mirar Instagram para distraerme un rato y encontré la foto de un atardecer que decía *todo pasa*. ¿De qué me sirve esa estúpida frase si ahora me estoy muriendo? Abro los ojos y lo veo. **¿Cuándo fue que nos abandonamos? ¿Cuándo perdimos la alegría de estar el uno con el otro? Nos tenemos miedo. De hablar, de hacer. Vivimos escapándonos, escondiéndonos del otro. Parecemos desertores, llevando una vida clandestina. Para peor, lo que le escondemos al otro es justo nuestra esencia.** Eso mismo que nos había enamorado.

Si para poder ser nosotros mismos tenemos que estar solos, ¿será hora de considerar seriamente la posibilidad de separarnos? ¿Cómo se armó toda esta confusión? ¿Quién es el perverso que organizó este infierno mientras esa maldita foto de la noche de bodas me interpela? ¿Qué nos pasó? ¿Cómo de querer compartirlo todo, de hablarlo todo, de succionarnos todo, llegamos a este miedo, a esta nada? Alguien decía que entre el dolor y la nada prefería el dolor.[3] A mí la vida me duele tanto que sería feliz si pudiera elegir la nada.

Preparo un té, me siento en la sala y sufro esa orquídea que me regaló para nuestro décimo aniversario. Me siento afuera de todo, echada de un paraíso que no era consciente que tenía hasta que lo perdí.

---

3 William Faulkner.

Igual, **no quiero tirar todo, mudarme, o hacer esas estupideces que aconseja la revista** *Cosmopolitan*. **Por el contrario, quiero mirar a los ojos a cada objeto, a cada recuerdo, a cada fantasma. Nada de evadirme, ni de pasarlos rapidito. Quiero amigarme con ellos, velarlos.**

~~Solo si no me escapo del dolor podré superarlo.~~

En la vida son más los problemas que se disuelven que los que se resuelven.

Envenenado

(El silencio no siempre es salud)

Mi jefe miró detenidamente la planilla con los resultados del trimestre. Era la primera vez en tres años que ese programa de televisión daba ganancias.

—Muy bueno, Eduardo —dijo devolviéndome la hoja—. Del dinero que quede este año, el 75 por ciento es para vos y el otro 25 es para mí —dijo guiñándome un ojo. Después lo miró a Norberto buscando complicidad. Su socio le sonrió.

Salí de su despacho contento. Había ido a mostrarle que no era cierto que ese programa era malo, sino que el equipo era el problema. Un solo trimestre me había alcanzado para dar vuelta las cosas y dejar de perder plata. En mi escritorio pensé en el incentivo propuesto por mi jefe. Si bien parecía desproporcionado que siendo el dueño se quedara únicamente con la cuarta parte, había una razón. Para él este programa solo era una herramienta de relaciones públicas y no representaba nada en sus ingresos millonarios provenientes de compañías de seguro, sanatorios, y empresas constructoras. Para mí, en cambio, cualquier peso adicional hacía una enorme diferencia.

El tiempo fue pasando y los números del programa consolidándose. Como ahora tenía un incentivo claro me desvivía por maximizar las ganancias. Cuando faltaba poco para cerrar el año, revisé la rentabilidad con cuidado. Mi parte era el equivalente a seis sueldos. Medio año de trabajo. ¿Qué voy a hacer con eso? Hay una camioneta que me encanta. Pero mi mujer va a preferir arreglar el departamento, pensé.

Cuando terminó el ciclo el programa había dejado cincuenta y cuatro mil dólares de ganancia. Mi premio eran cuarenta mil. Un montón de dinero. Hice la presentación y orgulloso se la llevé a mi jefe. La miró, me felicitó y después de dejarla sobre su escritorio, cambió de tema.

—¿Cómo avanza el negocio del sanatorio San José?

—Trabajoso —le contesté—. No es fácil lidiar con la Iglesia.

—No aflojes —me dijo serio.

Volví a mi escritorio contrariado. Más allá de la rápida felicitación no habíamos hablado de mi premio. Tal vez fuera prematuro porque una parte todavía no se había cobrado. ¿Pero me podría haber dicho algo, no?, pensé. Tranquilo Eduardo, hablará del tema cuando tenga el dinero en la caja, me serené.

A fines de enero ya se había cobrado casi todo. ¿Me pagará el proporcional de lo cobrado, o será que no piensa darme nada? Mis propias preguntas empezaban a inquietarme. No puede ser, si cuando me prometió el 75 por ciento estaba delante de Norberto que es un caballero. Vos tranquilo, me dije.

Pasaba el tiempo y yo no podía hablar del asunto con nadie. No quería exponerme a quedar como un idiota, al que no solo le incumplían el acuerdo sino que tampoco era capaz de reclamarlo. Temía plantearle que me debía dinero. Era tal la asimetría de poder con mi jefe —dueño versus empleado—, que tenía terror de que me echara por impertinente.

Para mediados de junio me di cuenta de que mi posición era mucho más débil que antes. La empresa ya había cobrado todo y a mí no me habían pagado nada. A esas alturas me conformaba con cobrar la mitad. O aún menos si es que me daba una explicación razonable. Pero nada ocurría. Durante una de nuestras habituales reuniones tuve un ataque de impulsividad.

—¿Te acordás que me habías prometido un premio si el programa daba ganancias? —le dije sintiendo que corría un riesgo de muerte.

—Dejame ver, porque el año pasado tuvimos varios incobrables.

Me quedé helado. Me fui de su despacho con la cola entre las piernas. Era cierto que en otro negocio un cliente había dejado de pagar. ¿Pero yo qué culpa tenía? Me cagó. Ese día supe que la ilusión de mi bono era solo eso: una fantasía.

Pasé varias noches pensando en cómo retomar el tema. Involucrarlo a Norberto que había sido testigo. Confrontar duramente con mi jefe a suerte o verdad.

Todos los corajes nocturnos desaparecían al amanecer. No podía hacerlo. Tenía pánico que por reclamar algo justo terminara perdiendo todo. Mi mujer estaba

embarazada y no eran tiempos para correr riesgos. ¿Alguna ocasión lo sería? ¿O la vida es eso que nos pasa mientras esperamos el momento adecuado?

Durante un año seguí yendo a la oficina y fingiendo entusiasmo cuando por dentro me iba pudriendo, como una gangrena que avanza inexorable. Cierto día un amigo me propuso un negocio atractivo. Desde la empresa podíamos llevarlo adelante con facilidad porque no requería mucho capital y teníamos el equipo para hacerlo. Mi amigo era un tipo muy conectado por lo cual se abría un abanico de posibilidades.

Cuando me estaba entusiasmando caí en la cuenta de que iba a tener que lidiar nuevamente con mi jefe y sus promesas. Después de unos instantes en que mi cara debe haber cambiado abruptamente, le dije:

—No va.

—¿Qué parte no te convence? —quiso saber mi amigo.

—Antes de llevar otro negocio y que me vuelvan a cagar, prefiero no hacer nada.

Me miró asombrado. No sabía bien a qué me refería pero entendió.

Me sorprendí a mí mismo al escucharme decir eso. Tomé conciencia de que debía renunciar. No podía seguir malgastando mi vida. Había pasado un año esperando que me cumplieran y otro más envenenándome. Trabajaba sin alegría y prefería que las cosas no avanzaran antes que ser defraudado nuevamente. Era hora de partir.

Aunque fuera el momento menos oportuno para quedarme sin trabajo porque acababa de nacer mi hijo, decidí renunciar. Era eso o enfermarme. Le dije a mi jefe que era un ciclo cumplido. Para él debe haber sido un alivio porque no tendría que pagarme indemnización y además hacía rato que mi rendimiento era mediocre. El muy hijo de puta me lo remarcó. Pensé en incendiar la conversación contándole que era su culpa porque me había mentido. Que si hubiera cumplido su palabra yo habría mantenido mi nivel y traído negocios que rechacé para evitar que me defraudara nuevamente.

No me animé, ni siquiera yéndome podía decirle la verdad.

Por otra parte, una preocupación carcomía mi alma, ¿de dónde iba a sacar el dinero para mantener a mi familia?

Estaba enojado por no haber defendido lo que me correspondía y aliviado por no tener que ir más a esa oficina de mierda.

Qué ironía que lo que más miedo me daba —perder el trabajo—, pasó de todas formas. Peor aún, porque no me echaron por reclamar algo justo, sino que me fui solo, de lo envenenado que estaba.

¿Callamos por prudencia o por miedo? Son cosas diferentes, con consecuencias bien distintas.

Hablar suele ser riesgoso, callar puede ser letal.

El piano

(Pretender que la realidad se ajuste
a nuestras ideas)

*Cualquier destino, por largo y complicado que sea,
consta en realidad de un solo momento: el instante
en que el hombre sabe para siempre quién es.*

JORGE LUIS BORGES

Mi familia heredó un piano cuando yo tenía diez años. Alguien tenía que "aprovecharlo" y como el hilo siempre se corta por lo más delgado me lo endosaron a mí, el hijo menor.

Mamá me anotó en un instituto cerca de casa que le recomendaron. La profesora era una alemana rigurosa que solo me hacía hacer escalas y solfeo. Cuando tímidamente le preguntaba cuánto tardaría en aprender a tocar alguna canción, me explicaba que eso tomaría años. Muy inspiradora.

En el verano no había clases y a la vuelta de las vacaciones mamá decidió que cambiara de profesora. Aunque nunca supe por qué, me ilusioné pensando que quizás fuera alguien más amigable, que me ayudara a aprender cosas simples que pudiera tocar y entusiasmarme. Nada de eso pasó. La nueva profesora era histriónica, grotesca y a veces violenta. Con mis diez años nunca relacioné esa conducta con el fuerte olor a whisky con el que llegaba a casa.

Además, como las clases eran a domicilio resultaban más caras. Tanto, que mamá me preguntaba todas las semanas si valían la pena. Yo que estudiaba piano más por imposición familiar que por iniciativa propia, que no había decidido a qué instituto ir ni mucho menos cambiarme de profesora, tenía que soportar la presión materna por el dinero.

A los pocos meses dejé, convencido de que la música no era para mí. Como si la pedagoga prusiana, la profesora borracha o mi madre ahorrativa no hubieran tenido nada que ver.

Por esas misteriosas vueltas de la vida, a mis diecinueve años y después de haber regalado el piano familiar que nadie usaba, sentí que debía intentarlo de nuevo. El tema era que en esos entonces tenía una vida bastante exigida entre el trabajo, los estudios y mi novia.

Durante algunos meses intenté aprender sin tener un piano en casa, pero rápidamente entendí que así no iría a ningún lado. Ante la sorpresa de mis padres me compré uno y empecé a practicar diariamente.

—¡Cómo puede ser que te compres un piano después que hayamos tenido uno juntando polvo tantos años! —protestó mamá. Toda una ironía, como si ella no hubiera tenido nada que ver con mi abandono previo.

En pocos meses me enamoré perdidamente del piano y empecé a soñar con ser un gran pianista.

Encontrar un profesor a la altura de mis aspiraciones fue todo un desafío. Después de algunos intentos fallidos, identifiqué uno que me llamó la atención. En un aviso clasificado se presentaba como discípulo de Scaramuzza, el célebre mentor de Martha Argerich y Bruno Gelber. Si había estudiado con ese gran maestro italiano y tenido de compañeritos a esos dos fenómenos, parecía probable que me pudiera ayudar a convertirme en el gran pianista que soñaba.

El primer encuentro fue revelador. Conversamos un rato largo en el que yo lo evaluaba para ver si estaba a la altura de mi destino. Después del examen al que lo sometí, con mucha sencillez me hizo una propuesta elemental y subversiva.

—¿Por qué no tocás un poco así te escucho? —dijo señalándome el piano de cola.

Me sentí expuesto, desnudo. En el fondo, era consciente de que toda mi magnificencia estaba en mi cabeza y no en mis dedos. ¿Tocaré bien? ¿Cometeré errores?

Me acomodé en la butaca como si fuera el mismísimo Franz Liszt, me concentré y empecé a tocar una obra de Bach. Aunque estaba muy nervioso pude hacerlo bien, sin equivocarme ni una sola vez. Cuando terminé hice una pausa y exultante lo miré a los ojos.

—No te equivocaste ni una sola vez... —dijo con un tono enigmático.

Lo miré desconcertado, ¿acaso estaba mal no equivocarse?

—Pusiste toda tu energía en no cometer errores... Yo hubiera preferido que te equivocaras diez veces pero que

te expresaras, que la obra estuviera viva. En cambio, vos la metiste en una caja fuerte y ahí quedó: segura... y sin vida. Si seguís así, dentro de veinte años la vas a seguir tocando igual. No hay evolución posible cuando lo que nos rige es el miedo. Si vas a ser mi discípulo quiero que lo que te mueva sea el amor, nunca el miedo.

Dicen que cuando el alumno está listo el maestro siempre aparece.

De entrada me explicó que si yo aspiraba a ser un pianista debía tocar por lo menos cuatro horas diarias. ¿Cómo podría hacer eso si tenía un trabajo de seis horas, cursaba la facultad otras cuatro, y tenía que estudiar, trasladarme y ver a mi pobre novia? Aunque los números no cerraban por ningún lado mi ambición me empujaba hacia adelante.

Tocar el piano cuatro horas diarias era mi objetivo y también mi fracaso cotidiano. Vivía en déficit. Pese a que rara vez podía disponer de ese tiempo, mi cabeza delirante estaba convencida de que ese nivel de entrenamiento sería un pasaporte al estrellato. ¿De dónde habría salido semejante despropósito? Difícilmente alguien que empieza a tocar el piano a los diecinueve años y practica solo un par de horas diarias pueda convertirse en un gran pianista, que suelen empezar a los tres años de edad y estudian diez horas por día durante décadas. Y eso sin ponernos a analizar el talento.

A la distancia resulta evidente que era un disparate. Y sin embargo, todos y cada uno de los días me frustraba al no lograr las cuatro horas que necesitaba para ser Daniel Barenboim. Me sentía un fracaso viviente, un mediocre más.

¿Dónde quedarían mis sueños? Yo que me había imaginado tocando a Beethoven en la Ópera de Viena llena de gente; saliendo al escenario con mi jaqué y la camisa con gemelos; haciendo las reverencias ante mi público; acomodando la butaca a la distancia y alturas correctas, y en ese estado de trance tocar vigorosamente para la locura de la audiencia... ¿Cómo haría para que todos estallaran en un conmovedor aplauso al terminar? ¿Cómo hacer para que el director del teatro viniera a saludarme, para que la gente me pidiera cinco bises y que yo me hiciera rogar? ¿Cómo lograr todo eso sin ensayar las malditas cuatro horas diarias?

Mi plan crujía por todos lados y yo era incapaz de ver lo obvio.

Como no quería renunciar a mis sueños, apretaba los dientes y seguía forzando las cosas. Como si negar la realidad la modificara. Como si posponer mi encuentro con la verdad no lo agravara todo.

En medio de tanta frustración un día me fui a tomar unas cervezas con mi hermano. Después de compartirle toda la situación me hizo una reflexión quirúrgica:

—Lo que no me queda claro es si a vos te gusta tocar el piano o si solo te interesa hacerlo en la Ópera de Viena. O sea, ¿estarías contento tocando en el lobby de un hotel?

No hizo falta responderle. Sentí escalofríos de solo imaginar que todo mi sacrificio terminaría en el hall de un Sheraton.

El difícil proceso que vivía iba llegando a su clímax sin que pudiera torcer el rumbo ni un solo milímetro. Para finales de ese año el maestro organizaba un concierto en el que tocaríamos todos sus alumnos. El encuentro era en un teatro bastante grande e invitamos a nuestros familiares y amigos. El plato fuerte estaba al final, en donde el profesor interpretaría la "Appasionatta" de Beethoven, mi sonata favorita.

Llegó el día decisivo y **aunque en el fondo de mi alma intuía que el final era inminente, no era capaz de verlo, de hacerlo consciente. Mucho menos imaginar que el desenlace pudiera ser así.**

Toqué una "Suite Inglesa" de Bach que me encantaba. Considerando que era un aprendiz, lo debo haber hecho bastante bien. Pero como yo me evaluaba en función de ser un gran concertista mi interpretación resultó catastrófica. Después de ese nuevo baño de realidad, apenas me sostuve mientras fingía escuchar a mis compañeros.

Llegó el momento del cierre a cargo del maestro. Confiaba que al escuchar mi sonata favorita pudiera abstraerme de tanta impotencia y dolor.

No habían pasado dos minutos del inicio cuando sentí que un agujero negro me succionaba. Mi memoria auditiva tenía grabada las interpretaciones de los mejores pianistas del mundo y el contraste con la digna versión del profesor era terrible. Inevitablemente surgió una pregunta de jaque mate: *¿Si este señor que dedicó su vida al piano toca así, ¿a qué puedo aspirar yo?*

Apenas terminó el primer movimiento me paré como pude y tropezándome con los sorprendidos compañeros que estaban a mi lado, me fui. Al día siguiente llamé al maestro y le informé que dejaba el piano. Sus intentos por hacerme recapacitar fueron en vano.

Doce meses después tuve otro intento fallido con la composición musical y dos años más tarde con el jazz. Si bien no era mi género preferido, improvisar como Keith Jarrett era un sueño alternativo al de ser Daniel Barenboim. Vacunado por la experiencia me notifiqué de la realidad bastante más rápido y abandoné a los pocos meses.

Pese a tantas frustraciones el piano me seguía atrayendo, así que tres años más tarde volví a la carga. Me anoté en un instituto que no aspiraba a producir grandes concertistas sino a desarrollar alumnos que pasaran buenos momentos. Aprendí a tocar baladas, canciones de rock y otras composiciones que aunque me parecían superficiales eran más acordes a mis posibilidades.

Sorprendidos por mis buenas condiciones varios profesores querían que tocara cosas más complejas. Les dije que no. Con lo que había sufrido para descubrir mis límites no quería volver a destruirme. Me había tomado veinticinco años conocerme un poco a mí mismo y encontrar mi lugar. No quería resignar esa paz por nada del mundo.

Aquél que insiste en agarrar a un gato por la cola aprenderá cosas que no podrá aprender de ninguna otra manera.[4]

---

4 Mark Twain.

La alumna de porcelana
(Sentirse morir no es morirse)

Solo no tenemos miedo cuando tenemos pánico.

Proverbio budista

Cuando la maestra me echó del aula creí que me moría. ¿Cómo me podía sacar de clase por "molestar"? ¿A mí? Sentí que me había traicionado. ¿Se habría olvidado de lo buena alumna que soy? ¿De mis participaciones en clase cada día del año? Volví a mirarla para ver si era verdad y llegado el caso, implorar clemencia por mis antecedentes.

Vi a la profesora seria; evidentemente no habría piedad alguna, yo era una más.

Ruborizada por el escándalo salí de la clase mirando la punta de mis zapatos. Las lágrimas me caían por las mejillas así que apuré el paso para que nadie lo viera. Afuera del aula hacía frío, ¿sería la falta de calefacción o la temperatura del destierro?

Me hacía mal escuchar las voces de mi maestra y de mis compañeras que estaban del otro lado. ¿Cómo es posible que la vida siga sin mí como si nada? ¿A nadie le importo? ¿Así será la muerte? ¿Todo seguirá igual cuando yo no esté? Me regodeé unos instantes en esa idea: mis amigas lloraban desconsoladas; mi maestra estaba arrepentida y se culpaba eternamente por haberme hecho sufrir cuando me echó injustamente de clase. Una chica tan estudiosa, tan correcta, tan buena.

Cuando me estaba recuperando escuché la voz de la directora subiendo por las escaleras del pasillo, conversaba animadamente con alguien más. Aterrorizada por la posibilidad de que me descubriera y sancionara, fui hasta la clase de séptimo grado "b", en donde estaba mi hermana.

Golpeé la puerta mientras miraba hacia atrás como una fugitiva. Pregunté por Mariela, que sorprendida salió a ver qué pasaba. Cuando estuvimos cara a cara no aguanté más y llorando le conté lo que había pasado.

Ella no entendía bien el motivo de tanta angustia. Después de todo, solo me habían sacado de clase. Si bien yo era más chica y era la alumna perfecta, así y todo me di cuenta de que mi reacción le pareció desproporcionada. Me contuvo lo mejor que pudo y apoyándome su mano sobre el hombro derecho en señal de confianza, me acompañó nuevamente hasta la puerta de clase.

—No te preocupes, no es grave. De vez en cuando pasan estas cosas.

La miré aterrorizada temiendo que me fuera a abandonar. Me sentí incomprendida porque lo que me estaba pasando era algo terrible.

—Quedate acá tranquila que en un ratito suena el timbre y listo —me dijo Mariela apretándome fuerte el brazo.

Después vi cómo se alejaba rápidamente por el pasillo. Volví a escuchar las voces del interior de mi clase, el paraíso que había perdido. Yo estaba afuera, sola. Con una angustia de muerte.

Pasaron los minutos, me fui distrayendo y vino a mi mente el chico que me gustaba. ¿Iría al club el fin de semana? También pensé en el campeonato de vóley y las chances que teníamos de clasificar. Ya no escuchaba las voces de mis compañeros de clase. Miré el reloj de pared y faltaban siete minutos para el recreo: el peligro estaba pasando.

Escuché otra voz por las escaleras. Alerta máxima: era el jefe de preceptores, un loco gruñón que no entendía de misericordias. Mientras conversaba con otra profesora giró la cabeza y me vio. Me quedé sin respirar esperando el fusilamiento. ¿Me echarían del colegio?

Tal vez producto de lo paralizada que estaba me mimeticé con la pared. O quizás el jefe de preceptores no le dio importancia al asunto. La cuestión es que siguió su camino como si nada y yo pude volver a respirar. Mi corazón se fue normalizando de a poco, hasta que dejé de escuchar sus latidos. Otro peligro había quedado atrás, ¿habría más?

La precaria tranquilidad fue interrumpida por el timbre, que me sobresaltó. Vi a mis amigas saliendo de la clase y me volvió el alma al cuerpo. Había sobrevivido.

A veces lo más valiente que podemos hacer es seguir con nuestra vida aunque nos sintamos morir.

Una especie de bigamia
(Convivir con dos sentimientos que parecen excluirse el uno al otro)

Cuando tenía cuatro años el tío Raúl fue mi inspiración para hacerme hincha de Independiente. No sé ni cómo me volví fanático porque a mi padre no le interesaba el fútbol y nunca me llevaba a la cancha.

En aquellos tiempos el club salía campeón seguido así que era fácil llevar la pasión con orgullo. Irónicamente, mi familia paterna simpatizaba con el club archirrival: Racing. Por eso buscaban la forma de seducirme con tal que no fuera la oveja negra de la familia.

—¿No te das cuenta de que todos somos de Racing? —me decía el tío Humberto, presidente de ese club—. Dale, hacete de Racing y te llevo conmigo al palco de honor...

—¿Pero si ustedes no le ganan a nadie? —lo desafiaba sin siquiera saber qué era ese palco.

Cuanto más me presionaban para que me cambiara, más quería a mi club. En esa batalla mi único soporte emocional era el tío Raúl, que me contaba todas las hazañas del equipo a lo largo de la historia.

Aunque yo amaba a Independiente con todo mi corazón tenía una inquietud que no me animaba a compartir con nadie: algo me pasaba con Boca.

Un día el tío abuelo que era presidente de Racing nos invitó a ver un partido contra Chacarita. Fuimos con papá y mi hermano que sabían tanto de fútbol como yo de física cuántica. Mi padre estaba exultante como si hubiera conseguido algo espectacular, cuando en realidad era una modesta invitación a ver un partido que no le importaba a nadie. Así y todo yo estaba movilizado porque era mi primera vez en un estadio.

Por aquellos tiempos, mi abuelo materno —otro agnóstico del fútbol— me provocaba diciendo que yo tenía que hacerme de un club serio como Boca. Nada de ser hincha de clubes más chicos, me decía. Una tarde que volvíamos de una quinta vio algo que le vino como anillo al dedo.

—Mirá ese paredón —dijo codeándome.

Me hice de Boca, decía el graffiti. Aunque él lo hizo solo con la intención de molestarme yo sentí un cosquilleo en todo el cuerpo. Por suerte el paredón quedó atrás, porque yo no tenía ningún margen para plantearme semejante deslealtad con el club que había elegido para toda la vida.

El tiempo pasaba y mi única posibilidad de ir a la cancha dependía de que alguien nos invitara y obviamente, propusiera el partido que él quisiese. Mis pobres padres no estaban muy enterados de mis intereses. En ese contexto, algunos años después de haber visto el irrelevante Racing-Chacarita, otro familiar nos invitó a ver el superclásico River-Boca. Eso ya estaba mejor. Aunque no se trataba de Independiente, no dejaba de ser el partido más importante del campeonato. Igual, como el pariente que nos invitó era de River, me preparé anímicamente para estar en la tribuna de un club que no me gustaba.

Ese día quedé impresionado con la hinchada de Boca. No les importaba nada: ni jugar de visitantes, ni ser minoría, ni siquiera ir perdiendo. Gritaron los noventa minutos del partido con un fervor religioso, más propio de evangélicos que de católicos. Me conmovieron. Ratificaron el mito de que Boca era un sentimiento.

A los diecisiete años empecé a ir a ver a Independiente por las mías. Fui descubriendo esa religión que es cantar, gritar, y criticar con la impunidad que solo ofrece el fútbol. Un rito de varias horas en el que me sentía valiente, me fundía con la masa, y desahogaba mis frustraciones de la vida insultando a los futbolistas y réferis que inevitablemente cometían errores.

Un día fuimos con amigos a ver una final en la que Independiente visitaba a Boca. Esa experiencia también me marcó. Estar en la Bombonera sintiendo el griterío, los saltos y la energía de esos hinchas, me partió la cabeza. Aunque Independiente ganó el partido y el campeonato, algo volvió a moverse adentro mío.

Años después cuando nació mi primer hijo surgió un dilema: ¿de qué club hacerlo? Como en nuestra sociedad machista esa es una potestad paterna, lo lógico era que lo hiciera de Independiente. Tal vez por esa extraña atracción que desde chico sentía por Boca me permití pensarlo. Además, por ese entonces, Boca ganaba todos los campeonatos, mientras que Independiente estaba en un tobogán que parecía no tener fin. Mi mujer puso el dedo en la llaga:

—No le arruines la vida a nuestro hijo, hacelo de un club que pueda festejar. La vida ya tiene bastantes amarguras para que vos les sumes más.

Movido por el comentario de mi esposa pero también por esa misteriosa inquietud que sentía desde chico, decidí hacerlo de Boca. Sin imaginarlo mi vida estaba tomando otro rumbo. Nuestra segunda hija fue mujer pero como el camino ya estaba allanado fue más fácil. Con alegría le compré una remera azul y oro para ponerle de bebé. Lo mismo pasó con el último, otro varón.

Sin que los estimulara en lo más mínimo se volvieron fanáticos. Así que después de décadas sin ir a la cancha me encontré yendo a ver a Boca con ellos. ¿Cómo mi vida había venido a parar acá? Aunque estaba contento de que mis hijos fueran hinchas de un club tan emocionante, sentía un malestar interno. Quizás algo de culpa por no haberlos hecho de Independiente.

Cuando ya estaban un poco más grandes me hicieron un comentario incómodo:

—Pa, ¿por qué no te dejás de joder con Independiente y te hacés de Boca?

Esa pregunta inofensiva me movió el piso. Como cuando tu pareja te descubre un amor platónico del que no sos del todo consciente. En el fondo yo también tenía ganas de compartir ese sentimiento con mis hijos. Tantos recuerdos de esa antigua pasión que había reprimido durante años. *Me hice de Boca*, el graffiti que había visto con mi abuelo tres décadas atrás volvía para interpelarme.

Comprendí que en cierto sentido era de Boca sin saberlo. **Esa conciencia me dio culpa y alegría. Finalmente me animaba a ser lo que siempre había querido ser. La vida me daba una nueva oportunidad con ese amor imposible cuando yo estaba convencido que terminaría mis días siendo fiel y correcto.**

Así y todo, el sinceramiento no borraba un montón de experiencias vividas con Independiente durante años. Alegrías, tristezas y emociones no desaparecían por decreto. Y yo tampoco las quería hacer desaparecer.

¿Volvería a ser de Independiente alguna vez? ¿O sería como esos tipos que se van con la amante y después que se les pasa la calentura vuelven a su casa con el rabo entre las piernas? Durante toda una sesión de terapia intenté explicar mi dualidad. El terapeuta se mantuvo callado hasta el final y mientras me despedía, me dijo:

—Usted es de Boca.

Me fui de su consultorio con sentimientos encontrados. Por un lado, estaba aliviado porque me acababan de habilitar a vivir mi pasión. Por el otro, me sentía incómodo porque algo no me cerraba. Mi vida no entraba en esas categorías, en el fondo era un poco de ambos clubes. Disfrutaba ser de Boca porque lo había sentido desde chico y ahora encima lo podía compartir con mis hijos. Necesitaba blanquear ese amor prohibido y que de una vez por todas pudiera ser el oficial.

Sin embargo, no quería borrar a Independiente de mi vida. Era mi historia y mi identidad. ¿Por qué tendría que erradicar mi pasado, que encima había sido maravilloso? ¿Acaso no estamos hechos de pasado, y pretender destruirlo es en cierto sentido destruirnos a nosotros mismos?

Con el tiempo fui aprendiendo a ponerme cómodo entre mis dualidades y contradicciones. La realidad se expresaba como era, sin los conflictos innecesarios que nos inventamos. ¿Se puede ser hincha de dos clubes a la vez? ¿Está mal?

Un día mi hijo menor hizo la pregunta crucial:

—Y cuando Boca juega contra Independiente, ¿quién querés que gane?

Después de pensarlo unos instantes, con sinceridad le contesté:

—Boca.

Mi hijo sonrió aliviado.

Ahora vamos a la cancha una vez por mes y siento gratitud con la vida por poder disfrutar ese programa. Me regalan la oportunidad de vivir un amor que creía imposible y que encima comparto con las personas que más amo.

Pero también sigo hinchando por Independiente, que es parte de mí. Y estoy contento que así sea.

La vida nunca entra en los rígidos, arbitrarios y mutilantes parámetros de los hombres.

Somos como ese señor que encuentra un halcón y convencido de que es una paloma descuidada, decide emprolijarlo. Con un alicate le corta las garras y el pico, dejándoselo corto y recto. Después con una tijera le poda las alas. *Ahora sos una paloma como Dios manda*, piensa orgulloso.

Nuestros hijos, pareja o nosotros mismos —al igual que ese halcón—, no necesitan ser "arreglados". Porque las "correcciones" suelen ser mutilaciones. Lo que requieren, en cambio, es ser recibidos, aceptados, amados tal como son.

Cuidado con lo que deseas porque podrías conseguirlo
(El problema de armar el futuro para escapar del pasado)

Después de hacer el amor y dormir una siesta haciendo cucharita, Luis se fue al gimnasio. Claudia aprovechó la tranquilidad para prepararse un té con tostadas y se fue a la cama con la computadora. Se acomodó, abrió la pantalla y bebió dos sorbos de la taza mientras analizaba qué películas podrían ir a ver al cine. De repente, en el vértice de la laptop irrumpió un chat: *¿Hoy podés?*

Claudia no era controladora ni espiaba a su novio pero la pregunta de la tal Adriana la perturbó. Después de dudar un minuto y mientras escuchaba los latidos de su corazón, hizo clic en el chat. Los que buscan la verdad merecen el castigo de encontrarla. El largo y jugoso historial la llevó sin escalas al décimo subsuelo del infierno. Cerró la computadora porque no hacía falta seguir leyendo.

Alejó la bandeja porque el té y las tostadas también estaban de más.

Al volver del gimnasio Luis la encontró sentada en la sala, con un vaso de whisky en la mano.

—¿Estás bien, amor?

—Dejaste tu Facebook abierto... —contestó ella intrigante.

En estado de alerta máxima, Luis tuvo la ilusión de que no hubiera ocurrido lo peor.

—¿Quién es Adriana? —preguntó Claudia destruyendo toda esperanza.

—Nadie —balbuceó.

—¿Y por qué le decís que es la mujer con la que mejor cogiste en tu vida?

—No significa nada para mí —contestó pálido y mirando el piso.

—O sea que te la cogés —dijo ella ratificando morbosamente lo obvio.

—Perdoname, no es nada para mí —se justificó mientras intentaba tomarle la mano.

—No me toques —lo cortó Claudia. Incapaz de seguir con esa violencia que no la llevaba a ningún lado, se paró y se fue al cuarto.

Avergonzado y ajeno a lo que pasaba en el dormitorio, Luis se fue a la cocina y lavó los platos como nunca en su vida. Después ordenó todo, esperando que la marea bajara. Al volver a la sala encontró a Claudia con la valija en la mano, lista para irse.

—Por favor, no te vayas, te amo. Te pido que me des una oportunidad...

Claudia lo miró a los ojos con furia y se fue de la casa pegando un portazo. Desde el balcón y en estado de shock, Luis vio cómo se subía a un taxi y se perdía en la calle.

Ya arriba del auto y camino a la casa de sus padres se le nublaron los ojos. ¿Qué les diría? **Su madre era una víctima perpetua que se pasaba la vida llorando las infidelidades de su marido como si no pudiera hacer nada. Parecía nacida para sufrir. Claudia la había alentado a que se separara, a que no aceptara lo inaceptable, a que rehiciera su vida. Pero el miedo era más fuerte que la esperanza.** Sintió que su madre nunca la entendería o peor aún, hasta podría envidiarla.

Su padre en cambio, no se hacía cargo de nada salvo de pagar las cuentas. Nada menos y nada más. ¿Qué le podría contar a ese inimputable sin parecer que ella era una histérica que tenía reacciones impulsivas y desproporcionadas?

—¿Qué hacés acá, hijita? ¿Y Luis? —quiso saber su madre al ver la valija.

—¿Puedo usar mi habitación?

—¿Pero qué pasó?

Claudia fue a su antiguo cuarto, cerró la puerta, se recostó en la cama y tapándose la cara con la almohada se puso a llorar.

Durante un año Luis intentó recuperarla. Le mandaba flores, bombones, cartas de amor. No sirvió para nada, ella no iba a repetir la historia de su madre.

Tiempo después, Claudia empezó a salir con Sebastián. Un buen tipo, fiel, compañero, a quien en términos generales le iba bien en la vida.

Caminando por un shopping se encontró con Romina, una prima a quien veía muy poco pero con la que tenía una gran confianza. Después de conversar un rato paradas frente a un local decidieron sentarse en un café.

—¿Y qué tal estás con Sebastián?

—Bien...

—Qué bueno, ¿y cuánto tiempo llevan juntos?

—Un poco más de un año.

Siguieron hablando tranquilas hasta que Romina entró en un terreno pantanoso.

—No te noto muy entusiasmada...

—Estoy bien...

—No te digo que esperaba que me dijeras que se la pasan cogiendo pero tampoco escucharte así...

—Bueno, conmovida no estoy... —se defendió Claudia—. Y de coger ni me hables, si fuera por él lo haríamos cuatro veces por semana. Y yo tantas ganas no tengo. A veces me busca y se pone muy pesado, obviamente que me da pena y accedo.

Vino a la mente de Claudia cuando Sebastián le susurraba: "¿No me prestás tu conchita?". Obviamente por pudor no lo mencionó.

—¿Y por qué no tenés ganas de acostarte con él?

—No sé, estoy como asexuada.

—¿No te da miedo que busque por otro lado?

—Al revés, me descomprimiría. Pero me lo busqué fiel.

Dos problemas tiene la vida: no conseguir lo que queremos y conseguir lo que queremos —dijo con la mirada perdida.

—¿Y si lo habilitás? Es el sueño de todos los hombres.

—No el de Sebas. Yo buscaba alguien correcto y lo encontré, él es muy estructurado. A veces tanteo el tema pero como se pone incómodo no tengo más remedio que levantar la pata del acelerador. Ojalá se acostara con otras, yo con un polvo cada tanto estoy en paz.

—**Qué paradoja que te hayas separado porque te engañaron, y ahora preferirías que tu pareja se acueste con otras para no fastidiarte.** ¿Qué te pasó?

Claudia se quedó pensativa.

—**Definitivamente me equivoqué al dejar a Luis porque me había sido infiel. No quería repetir la historia de mamá.** Pero era una visión sesgada por el trauma de verla siempre sufriendo. **Con el tiempo entendí que la infidelidad no necesariamente es causal de separación. Pienso que las verdaderas razones para separarse son el desamor, la falta de respeto, la manipulación, la violencia y tantas otras cosas que vemos a diario por todos lados.**

—Cambiar de pareja porque nos fue infiel es como querer cambiar de auto porque lo rayamos —dijo Romina entre risas—. **Mejor aprender a vivir con el rayón que andar cambiando de auto por boludeces. Después de todo, la vida no es redonda.** Igual, creo que ambos tienen derecho a tener una pareja con quien sentirse plenos. Que no quieras repetir la historia de tus padres es lógico y sano. Pero de ahí a vivir resignada...

—No me vas a venir con el cuento de la media naranja —desafió Claudia no sin algo de cinismo.

—Para nada. Ya sabemos que eso no existe. **Ansiar que alguien nos complete nos vive frustrando porque nadie viene a resolvernos la vida, ya bastante tiene con la suya. Hay que dejar de exigir que los demás sean como queremos porque el otro no está para satisfacer nuestras expectativas, necesidades y carencias...**

—¿Y entonces para qué está?

Romina se quedó pensando unos instantes.

—**Para encontrarse, compartir, poner el hombro cuando la vida aprieta, ayudarse a crecer. Si nuestra pareja no nos ayuda a ser quienes somos, o si hay que ocultarle importantes áreas de nuestra vida, ¿tiene sentido?**

Claudia se sintió interpelada por esas palabras. ¿Pero debía separarse? ¿O la separación solo serviría para arrastrar a una nueva pareja los problemas de siempre?

—¿Cuál será el camino, no? —preguntó filosóficamente.

—Creo que una buena referencia es analizar si con nuestra pareja sentimos plenitud —dijo Romina—. Y no estoy hablando de tener mariposas en la panza o vivir fascinado con el otro. Me refiero a que más allá de las limitaciones, problemas y momentos difíciles que siempre habrá, podamos ser sinceros con nosotros mismos y ver si nos da alegría estar juntos.

A veces resolvemos un problema generándonos uno más grande.

Es difícil construir algo bueno si estamos huyendo del pasado.

El derrape

(Dificultades para percibir los límites)

Solo hay dos clases de personas: las que aprenden,
y las que no aprenden.

CAROL DWECK

Me senté en el Audi R8, me ajusté el cinturón y quedé empotrado en el asiento como si me hubieran puesto con un calzador. Después de acomodar los espejos miré la pista que tenía por delante: una recta larga y vacía que se perdía en el horizonte. Sentí un ligero cosquilleo en todo el cuerpo.

—Pasá dos vueltas suaves de reconocimiento —me dijo el instructor que estaba en el asiento de al lado, mientras apretaba unos botones que ponían la caja de cambios y el sistema de suspensión en modo *sport*.

Me volví a acomodar el casco una vez más, típicos tics obsesivos cuando estás nervioso. Pisé el acelerador para escuchar el rugido del motor cuando las revoluciones llegaban a siete mil por minuto. Sentí un poco de miedo. Miré nuevamente la pista, infinita e inquietante. Empujé el pedal de freno con el pie izquierdo y sin soltarlo pisé el acelerador a fondo.

Tan pronto solté el freno ambos quedamos incrustados en el asiento mientras la bestia de 610 caballos de fuerza salía disparada hacia adelante. Después de dar unas vueltas de reconocimiento la cautela empezó a quedar atrás. Mi intención era llevar el auto al límite, manejando a esas velocidades que me hacían sentir más vivo que nunca.

Acelerar a fondo, clavar el freno, doblar cerrado, me producían diversas emociones pero principalmente placer y miedo. ¿Cómo podían ir juntas? En un parpadeo me fui de pista. Después de un segundo de ruidos y temblores al pasar por la banquina, el Audi R8 se detuvo en el pasto. Apenas bajó un poco la polvareda miré al instructor buscando una explicación.

—Ibas demasiado rápido —me dijo—. A la velocidad que veníamos no teníamos ninguna chance de entrar en esa curva.

—No me parecía que hubiera entrado tan rápido...

—Es como desafiar la ley de la gravedad, si te tirás de un décimo piso por más que muevas tus brazos como alas vas a caer como un piano. Estabas muy confiado en meter el auto en esa curva y te frenó la realidad.

—¿A qué realidad te referís?

—A las leyes de la física. Ignoraste el peso, la velocidad y la dirección que traía el auto, convencido de que con tu voluntad alcanzaba. Y acá estamos en el pasto.

Sorprendido, entré nuevamente en la pista y giré unas vueltas con precaución. **¿Por qué será que nos volvemos cautos después de chocar y no antes?**

Igual la prudencia me duró poco. Como si fuera un paciente cardíaco que al año del infarto deja la aburrida vida sana, regresa a las andadas y se infarta nuevamente, poco después volví a tener problemas. Tomé otra curva más rápido de lo que se podía y se bloquearon las ruedas. Derrapé aunque al menos pude controlar el auto.

—Vas más rápido de lo que se puede y en vez de ganar tiempo lo perdés —me dijo el instructor—. La pista es como la vida: siempre hay límites. Si los tenés en cuenta seguís en carrera. Si no, la realidad te frena de mil formas.

Me sentía frustrado porque quería ir a fondo y no podía. Di otras dos vueltas despacio para no tener más problemas. **Típica reacción mía: de ignorar los límites a no correr ningún riesgo. De un extremo peligroso a otro estéril. Cada vez que me llevaba puestos los límites terminaba pagando un precio carísimo. Cuando no corría ningún riesgo era como un muerto en vida. ¿No habría un punto medio?**

Después de la recta principal venía una curva cerrada, muy difícil. En la medida que fui recuperando la confianza aumenté la velocidad.

—¿Dónde me conviene frenar? —pregunté.

—Esa es la pregunta del millón —me respondió—. Acelerar, acelera cualquiera. Pero manejar bien es mucho más complejo que pisar el acelerador. Es todo un arte, tenés que ir tanteando cuándo y cuánto frenar en función del auto, la pista, el clima... No hay fórmulas mágicas. Tiene que ver con qué tan rápido venís pero también con el estado de los frenos, las cubiertas, el tipo de curva...

—El hombre es él y sus circunstancias —dije riéndome.

Mientras hacíamos una pausa para que descansara un poco, el entrenador me preguntó:

—**¿Sabés cómo hacen los pilotos de fórmula uno para conocer una pista nueva? La recorren toda caminando. Esa es la velocidad a la que pueden analizarla, observar la adherencia del asfalto, ver cómo son las curvas... Mirar las manchas negras de la pista para entender qué hicieron los que manejaron por ahí, en dónde frenaron, por dónde doblaron...**

Me pareció increíble que un corredor de fórmula uno caminara una pista antes de correrla, toda una paradoja. Evidentemente antes de hacer algo rápido era imprescindible poder hacerlo bien, a la velocidad en que fuera posible. Conversamos unos minutos más y volvimos a la pista.

Paré el Audi R8 en la largada y repetí el ritual: me acomodé el casco, el cinturón, miré los espejos y la pista que tenía por delante. Pisé el freno con el pie izquierdo y sin soltarlo apreté el acelerador a fondo. El motor parecía un león furioso rugiendo por salirse de sus cadenas. Apenas levanté el pie del freno salimos eyectados hacia adelante, nuevamente incrustados en las butacas.

En esta sesión anduve mucho mejor porque ya empezaba a entender de qué se trataba.

—Contrario a lo que muchos creen, cuanto mejor manejás, menos movés el volante. Son pequeños movimientos, sutiles. Los que mueven mucho el volante no tienen ni idea de qué se trata esto —me dijo en otra pausa.

Su comentario me interpelaba porque yo pensaba lo contrario. Los movimientos sutiles me parecían propios del chofer de un embajador, no de un piloto que iba a 300 km/h. Como si lo brusco fuera sinónimo de tener agallas.

Volvimos a la pista y seguí girando. Cuando faltaban dos o tres vueltas para terminar me hizo entrar a boxes.

—¿Te diste cuenta de que en la curva principal siempre tenés problemas?

—Un poquito se me va de cola —le contesté sin hacerme cargo—. ¿No es normal cuando uno dobla rápido?

—No —me contestó tajante—. Cada vez que perdés adherencia tenés un problema. El auto nunca tendría que perder agarre. Cuando te pasa es que estás yendo más rápido de lo que podés.

—O sea que en el noventa por ciento de las veces fui más rápido de lo que podía —dije entre risas.

—¿Y por qué te creés que te hice parar? —me contestó serio—. Me llama la atención que no te des cuenta y que vuelta tras vuelta sigas teniendo problemas, como si no pudieras incorporar las señales que te muestra la realidad.

—Es que si voy más despacio me siento un inútil. Estoy convencido de que puedo ir más al límite...

—Tus transgresiones te perjudican: lo que ganás entrando rápido lo terminás perdiendo para evitar que el auto se vaya a la mierda. ¿Qué es mejor: tomar el veneno y después el antídoto o no tomar el veneno? En las vueltas que faltan frená antes.

Eso fue lo que hice y el auto anduvo mejor, no tuve necesidad de corregir nada porque nunca se desestabilizó. Pero me quedó una sensación agridulce, como que estaba yendo más despacio de lo que podía.

Cuando terminamos le agradecí al instructor, subí a mi auto y me fui. Aunque estaba contento con la experiencia también sentía desasosiego. Evidentemente había tenido dificultades al doblar. Y si bien con el correr del entrenamiento no había vuelto a despistar seguí teniendo problemas. **O sobreestimaba mi capacidad o subestimaba las dificultades.**

Además, parecía negar los signos que me mostraba la realidad. En la curva principal tuve problemas en todas las vueltas y seguía como si nada, naturalizando mis errores. ¿Qué necesitaba para enterarme? ¿Irme de pista? ¿Acaso era la única señal que entendía?

No hizo falta hacer un paralelismo con mi vida. Cualquier similitud fue pura coincidencia.

La muerte súbita en realidad no es tan súbita. Solo ignoramos las sucesivas señales que van apareciendo.

A solas con el toro

(Cuando no hay más remedio que enfrentar la realidad)

La vida me venía pasando por arriba. Fantaseaba con bajarme del planeta Tierra, arreglarme y volver a entrar. Tapado de problemas, decidí ir el fin de semana a Colonia con la ilusión de que al perderme por esas callecitas pudiera recuperarme.

Llevaba un año de separado pero seguía sin saber qué hacer. ¿Volver con mi ex? ¿Jugarme por un amor prohibido? Estaba en uno de esos momentos en los que no tenés ni idea de cómo continuar. **Crisis es cuando las preguntas no pueden responderse.**

Con mi trabajo tampoco me iba mejor. Años queriendo cambiar porque no me gustaba lo que hacía. En realidad nunca me había interesado pero lo había aceptado por una mezcla de razones que ahora me pasaban la factura.

Renuncié al empleo anterior porque estaba harto de un jefe manipulador. A los pocos meses **me ofrecieron un** puesto bien pago y con estatus. De esas cosas que son mejores mostrarlas que vivirlas. O sea, no era el trabajo de mis sueños —que mi corazón ni sabía cuál era—, pero el hecho de que me pagaran bien y poder exhibir un cargo importante me llevaron a aceptar.

Y ahí estaba ocho años después, caminando por los empedrados de Colonia sin saber cómo salirme de ese trabajo vampiro ni qué hacer con mi vida. Me sentía como si estuviera manejando en una ruta con niebla en donde no es posible ver más allá de los diez metros. Con semejante confusión vivía el día a día, sin poder planificar más que una semana.

Me senté a cenar en un pintoresco restaurante colonial con paredes de ladrillo a la vista. Me sirvieron unos ravioles bastante malos y una copa de tannat digna de olvido. A la mañana siguiente alquilé una bicicleta y después de recorrer el casco histórico decidí ir al Real de San Carlos a ver la Plaza de Toros. Había sido inaugurada en 1910 y clausurada después de haber realizado solo ocho corridas. ¿Por qué los funcionarios no habrán pensado en el maltrato animal antes de autorizarlo y no después haber habilitado y que se hubiera construido semejante estadio?

Tan pronto me fui acercando vi su imponente arquitectura. Tendría unos cien metros de diámetro y una fuerte influencia árabe. Un aire enigmático y el hecho de que estuviera clausurada por peligro de derrumbes potenciaban el misterio. El cartel de *prohibido pasar* era una invitación a entrar. ¿Moriría sepultado por pedazos de cemento que después de aguantar cien años se derrumbarían justo cuando pasara?

Desde afuera de la plaza vi la palestra y una emoción me recorrió. Más allá de los acalorados debates por las corridas de toros, imaginé que no debía ser fácil estar a solas con una bestia de 500 kilos.

Pensé a la palestra como una metáfora de la vida, que a veces nos confronta con una realidad que no podemos evitar. Que del otro lado salga un tigre, un toro, o un gladiador, no cambia la esencia. **Es un lugar en el que no podemos escaparnos ni hacer esas cosas que nos salen tan bien como posponer indefinidamente o mirar para otro lado. No queda más remedio que enfrentar la situación.**

Por un agujero del alambrado perimetral pude entrar en esta especie de estadio. Caminé hacia adentro muy despacio, observando la estructura de hierro que sostenía unas vencidas gradas de concreto, después de un siglo seguía resistiendo. La atmósfera de abandono y desolación me atraía, esa especie de seducción que a veces genera la muerte.

Al llegar a la palestra me detuve. Miré su contorno de unos cincuenta metros de diámetro. Observé las tribunas silenciosas y percibí una energía especial en el ambiente ¿Qué sería?

Mientras caminaba hacia el centro imaginé a un gladiador peleando por su vida. Completamente solo, con sus miedos y esperanzas. La palestra no da margen para la hipocresía, hay que afrontar la realidad con las herramientas que se tienen. De nada sirve hablar o fingir, solo se puede actuar, con la tensión que sentimos cuando nos estamos jugando la vida.

¿Cuál era el toro que tenía que enfrentar? ¿Contarle a mi esposa que finalmente me iría con otra? ¿Decirle a mi amor prohibido que volvería a casa con mi mujer y mis hijos? ¿Renunciar al trabajo y buscar uno que además de servirme para pagar las cuentas me llenara el corazón?

Tenía terror de enfrentar a mis toros. En el fondo no podía hacerlo porque no quería perder nada. Y lo único seguro era que tendría que elegir y perder cosas. Pretendía salir de la palestra sin un golpe, sin un rasguño. Imposible; bastante con salir vivo, con seguir en pie.

Vinieron a mi mente las principales crisis que tuve en mi vida y apareció con fuerza la de mi paso a la adultez. Si bien era mayor de veintiún años, en el fondo seguía siendo un adolescente. O lo que es igual, sabía que llegado el caso estaban mis padres. Tenía la red de protección del equilibrista.

Sin saber cómo, mi vida se fue deslizando hacia el infierno de una adicción. Cuando finalmente pude hablar del asunto con mis padres descubrí que seguía solo: la droga me estaba matando a mí, no a ellos. ¿Cómo era posible que justo esta vez que tanto los necesitaba no pudieran resolverme este problema? La vida golpeaba y aunque me acompañaran, el sufrimiento principal era solo mío. Parecido a lo que sentiría un gladiador que peleara por su vida en una palestra.

Volví a mirar las gradas y las imaginé llenas de gente gritando. Me acordé de mis tiempos de héroe del deporte y esa placentera sensación de llegar a un lugar y ser admirado por todos. Había confundido ese reconocimiento con el que todos sueñan y muy pocos tienen con amor. La noche que gané el campeonato nacional invité a veinte amigos a festejar mi título. ¿Amigos? Un año después perdí la final por un punto. Por un solo y maldito punto. Como subcampeón solo me acompañaron tres personas, una de las cuales era mi hermana.

Tanta energía puesta en lograr que los demás me admiraran, para darme cuenta de que eso era una mentira. Ahí estaba en esa plaza de toros y en mi vida, solo y sin saber qué hacer.

Pude ver que en algunas situaciones entraba voluntariamente a la palestra, dispuesto a jugarme por algo que quería. Pero otras veces era la vida la que me mandaba al ruedo. Y no le importaba que no estuviera preparado o que tuviera miedo.

Me volví a ver en esa plaza imaginaria llena de gente alentándome desde las tribunas. Aunque había miles de personas en realidad no había nadie. ¿De qué me serviría su aliento si en la palestra estaba solo? Era mi vida la que estaba en juego, no la de ellos.

Vi cuando cerraron los accesos para que no me pudiera escapar. Escuché las bisagras oxidadas cuando abrieron las puertas de la jaula. Finalmente, el toro —mi realidad— asomó su cabeza y me miró fijo a los ojos. Ahí estábamos él y yo solos, sin máscaras ni armas. Y aunque estaba muerto de miedo no tuve más remedio que enfrentarlo.

Por más vueltas que demos, a veces hay que hacer lo que hay que hacer.

La raqueta

(¿Cuándo es momento de soltar lo que se fue?)

*A veces se necesita más fuerza
para soltar que para retener.*

HERMAN HESSE

Mientras buscaba un mueble en el sótano encontré mi vieja raqueta de tenis. Me produjo un sacudón, como si me cruzara con una ex. Abrí su funda y la miré detenidamente, estaba intacta. En la parte superior tenía dos palabras minimalistas y poderosas: Head Vilas.

Guillermo Vilas era una leyenda viviente: había sido el primer argentino en triunfar en el tenis mundial, inventando ese deporte en mi país. Un genio total, parte del jet set internacional que hasta había sido capaz de tener un romance con la princesa de Mónaco. En la mente de un chico de doce años tener una Head Vilas era transformarse un poco en ese ídolo. La empresa Head lo sabía y por eso le pagaba fortunas a Vilas, para que legiones de personas como yo intentáramos que esa raqueta nos transmitiera algo de su magia.

Toqué el encordado y vi que pese a tener treinta años mantenía alguna elasticidad. Mientras la empuñaba como para pegar un golpe, vino a mi cabeza toda la historia con esa raqueta.

Cansado de los deportes grupales porque a mis compañeros no les dolía perder —o al menos no tanto como a mí—, dejé el fútbol para probar suerte en otra cosa. Sin proponérmelo fui eligiendo actividades individuales: mejor no depender de nadie, solo confiar en mí mismo.

En ese giro de mi vida del que no fui consciente me encontré jugando al tenis. En pocos años mejoré mucho. Tenía una libreta en la que llevaba el registro de todos los partidos que jugaba. Anotaba cada victoria con orgullo, como un acto de reafirmación personal. Y cada derrota con desgarro. Leía y releía los resultados varias veces por semana; ahí estaban mi identidad y también los dolores que pedían venganza.

Aunque soñaba con ser como Vilas ni me animaba a planteármelo. Ya de chico **había aprendido que los sueños eran peligrosísimos: podían decepcionarte, hacerte sufrir.** Mi estrategia había sido siempre la misma: no contárselo a nadie para que no me vieran venir. Y de paso no me exponía tanto si fracasaba.

Llegué a la conclusión que si quería ser el mejor necesitaba la mejor raqueta. Cuando decidí comprarme la Head Vilas para dejar la porquería que tenía, enfrentaba dos problemas: era la más cara de todas y la Argentina atravesaba una de sus recurrentes crisis económicas. Con una moneda que se devaluaba permanentemente era difícil comprar artículos importados, como esta raqueta austríaca.

Por la edad que tenía mi capacidad de ahorro era muy baja y dependía exclusivamente de lo que me regalaran mis abuelas. Sin embargo, encontré una oportunidad. Los fines de semana mis padres me daban dinero para pasar todo el día en el club. No es que fuera una fortuna pero no estaba mal. Forzado por la necesidad de inventarme recursos descubrí que si no comía nada durante todo el día podía ahorrar algo interesante.

Al igual que les pasa a las personas que hacen dieta, los primeros fines de semana fueron fáciles porque mi entusiasmo era tan grande que no había pebete de jamón y queso o Coca-Cola helada que me desestabilizaran. Pero con el correr del tiempo empezaron a aparecer los problemas. "Puedo resistir cualquier cosa excepto la tentación", decía Oscar Wilde. El momento más difícil era el mediodía cuando el humo de la parrilla lo inundaba todo y yo moría por un choripán. O los días de mucho calor cuando veía a mis amigos tomando un milk shake de dulce de leche, o una Seven Up helada. A veces se me hacía tan difícil que me iba a correr afuera del club para no exponerme a todo eso —ojos que no ven corazón que no siente—, y de paso mejorar mi capacidad aeróbica.

—¿Vas a comerte otra porción de pizza? ¡Te comiste una entera! —protestaba mamá durante la cena, sin imaginar el trasfondo de la cuestión.

—Es que entrené mucho, ma —le explicaba.

El desayuno también llamaba la atención de mis padres. A nadie se le ocurría pensar que no era solo un chico en edad de crecimiento, sino que en pos de mi sueño, estaba tratando de vacunarme contra el hambre del largo día de ayuno que me esperaba. Ceder a la tentación y comer algo en el club implicaba retrasar la compra de la Head Vilas y todo el paraíso asociado.

En el ínterin ocurrió un hecho inesperado, en el club hicieron dos canchas de un deporte que no conocía. Los jugadores usaban unas raquetas iguales a las de tenis pero en miniatura. Eran tan lindas que daban ganas de coleccionarlas. Se jugaba de a dos personas que se movían con gran rapidez y le pegaban a la pelota con furia.

Después de observarlo varios días decidí probar. Hablé un rato con el señor que cuidaba las canchas y me invitó a jugar. Me explicó los conceptos básicos y las reglas, me prestó una raqueta y arrancamos.

En cuestión de minutos yo era uno más de los que corría como loco golpeando la pelota con toda mi alma. Esa posibilidad de entregarme sin límites me fascinó. El profesor detectó rápidamente mis condiciones y propuso repetir al día siguiente.

Al otro día volví a dejar la vida en esa cancha de squash: me sentía en el paraíso. Cuando terminé tenía la remera tan transpirada que parecía que me hubiera metido en el mar. Después de jugar me quedé sentado en las gradas con una plenitud parecida al orgasmo. El profesor me explicó que como las canchas eran nuevas se cobraba un bono extraordinario para financiarlas. Le pagué sin el menor problema, ¿qué era un poco de dinero a cambio de tanta felicidad?

A la tardecita volvía a casa en ese estado que se tiene cuando uno viene de estar con un amante: lleno de vida, feliz, aunque también angustiado porque esa realidad no podrá ser permanente. ¿Qué hacer con el tenis? Ese deporte en el que empezaba a destacarme ya me ofrecía una identidad. ¿Qué haría con mi libreta llena de victorias? ¿Mandaría a pérdida todo lo aprendido para iniciar una nueva vida?

Además, si tenía que pagar el alquiler de la cancha de squash mi capacidad de ahorro se vería reducida. ¿Dónde quedaría mi sueño de tener la Head Vilas? Con la emocionalidad de un chico de doce años presentía que me volvería adicto a ese juego. Tuve miedo de que mis sacrificios para ahorrar terminaran financiando esos bonos extraordinarios para jugar squash. Llegué a casa confundido y sin saber qué hacer. Por suerte tenía hasta el fin de semana siguiente para pensar tranquilo.

Al igual que con el sexo, después de haber jugado mis partidos orgásmicos de squash, la calentura se pasó. A lo largo de la semana llegué a la conclusión de que tenía que volver al plan original: seguir jugando al tenis y ayunar para poder comprarme la Head Vilas.

—¿Hoy jugamos un rato? —me preguntó el profesor de squash.

Como Meryl Streep en *Los puentes de Madison*, sentí que dejaba ir al amor de mi vida.

—No, voy a jugar al tenis —balbuceé como pude.

Ese fin de semana apreté los dientes y además de evitar el choripán, un helado y la Coca-Cola bien fría, también reprimí el squash. Durante meses pasaba frente a esas dos canchas y un cosquilleo recorría mi cuerpo. Pero el objetivo mandaba como si fuera un militar, y yo estaba determinado a seguir adelante.

Después de muchos fines de semana a pura agua, un domingo llegué a casa y conté el dinero ahorrado: había alcanzado la cifra mágica.

—¿Qué necesitás? —preguntó el vendedor.

—Vengo a comprar la Head Vilas.

El señor la fue a buscar y cuando volvió la apoyó sobre el mostrador. Sintiendo mis propios latidos del corazón le entregué el montón de billetes prolijamente doblados. Mientras la agarraba y abría su funda escuché unas palabras terribles:

—Con esto no te alcanza.

Lo miré a los ojos para ver si me estaba cargando. Su cara me preocupó.

—Cuando sube el dólar sube el precio de la raqueta —me contestó compasivo, mientras me devolvía el dinero y recuperaba la Head Vilas.

Salí del local anestesiado, sintiéndome como un mineral. ¿Tanto esfuerzo para que la realidad me corriera el arco justo cuando iba a tocar el cielo con las manos?

El aturdimiento me afectó un tiempo. El fin de semana siguiente fui al club pero comí varias cosas. No tenía fuerzas para mi habitual disciplina. Por suerte hacía rato que tampoco tenía ganas de jugar al squash. Ya era parte del pasado. Cuando me recuperé un poco averigüé el precio en dólares para poder seguir su cotización e ir a comprarla solo cuando tuviera el dinero necesario. Los siguientes meses fueron difíciles porque cada vez que juntaba los pesos suficientes el dólar pegaba otro salto y yo parecía un chico con la nariz apretada contra el vidrio de la juguetería.

Después de otros meses de ayuno y aprovechando un precario equilibrio económico, junté el dinero y fui de nuevo a comprar la Head Vilas. Esta vez no hubo sorpresas desagradables.

El día siguiente era feriado y un amigo organizó un torneo en su club. Estrenando mi raqueta gané el campeonato. Mientras esperábamos que nuestros padres nos vinieran a buscar me propuso jugar al squash.

—¿Sabés cómo es?

—Algo —le dije.

Nos pusimos a jugar y fue la media hora más feliz en mucho tiempo.

El fin de semana volví al club llevando la Head Vilas por primera vez. Jugué un rato y observé que varios me miraban con envidia. Al terminar me fui a tomar una Coca, ahora podía. Pensé en todo lo que había reprimido en pos de mi sueño y mirando la raqueta nueva supe que no había sido en vano. Jugué otros partidos y almorcé como un rey, algo que no hacía desde mucho tiempo atrás. Nuevamente era un ser libre.

Por la tarde di vueltas y vueltas, tratando de evitar lo inevitable. Finalmente fui al departamento de mi amada, las canchas de squash.

—Qué bueno verte de nuevo —me saludó el profesor.

—Tengo ganas de retomar.

Le pagué el alquiler de la cancha y nos pusimos a jugar. Nunca más volví a cometí el error de separarme de ese amor.

La Head Vilas siguió acompañándome al club todos los fines de semana durante varios meses, aunque ni abría su funda. De alguna forma, necesitaba justificar todo el esfuerzo inútil que había hecho. Después de un tiempo sinceré la situación y empecé a dejarla en casa. Y ahí quedó, virgen y marchita.

¿Por qué seguimos aferrados a lo que nuestro corazón ya soltó?

A veces hay que hacerse cargo de que cuando algo terminó, terminó.

Las necesidades de mamá

(Miedo a vivir)

"Mi hijo me quiere tanto que le paga a alguien para ir a hablar de mí dos veces por semana", le dijo una madre a su amiga, refiriéndose al terapeuta.

PROVERBIO JUDÍO

—A mí me encantaría tener un hijo médico para que me cuide cuando sea viejita —le dijo mamá al director de jardín de infantes. Yo jugaba con mis autitos a pocos metros y pensé en lo lindo que sería poder cuidarla.

Mi infancia fue muy buena y yo era el abanderado. Mamá seguía de cerca todos mis pasos: estudiaba conmigo, me ponía profesores de apoyo, pasaba horas en el colegio para ayudarme a que los maestros me pusieran las mejores notas.

En casa todo era perfecto y ordenado. La ropa, la comida, la limpieza, hasta los regalos que llevábamos a los cumpleaños de mis amigos estaban planificados. Mis padres nunca discutían y mis hermanos y yo no llevábamos ningún problema.

Cuando estaba por terminar la secundaria tenía que decidir qué estudiar. **¿Quién a los diecisiete años conoce claramente su vocación o sabe lo que quiere "para toda la vida"? Casi tan difícil como a los veinticinco tener que elegir a la pareja definitiva. Como si la vida no cambiara mil veces. Como si supiéramos quiénes somos, qué queremos y que aun sabiéndolo, eso permaneciera inmutable durante décadas.**

Al final me decidí por una de esas carreras que se eligen cuando no tenés ni idea qué estudiar: abogacía. Como jugaba muy bien al básquet también consideré ese camino. Pero fue solo un impulso porque no había ningún margen para plantearle eso a mamá. En casa, hacer deporte era visto con muy buenos ojos, pero ser deportista profesional era de brutos, analfabetos. Nosotros teníamos que ser gente pensante.

Aunque aprobé el examen de ingreso a derecho, poco antes de empezar las clases pegué un volantazo y decidí estudiar medicina. Por suerte mis padres no hicieron ningún tipo de comentarios. Arranqué la carrera y todo fue bien los primeros años hasta que en tercero me aplazaron injustamente y mi vida se derrumbó. Yo tenía mucha seguridad en mí mismo pero este golpe me quebró. Quizás el hecho de haber sido sobreprotegido y nunca tener adversidades fuertes me volvió frágil. Fuera por lo que fuese, me vine a pique y como la materia tenía correlatividades perdí un año de estudios.

Con gran esfuerzo seguí estudiando pero ya nada fue igual. Como si mis años dorados hubieran sido en la primaria y a partir de entonces todo fuera un largo tobogán.

Mis compañeros progresaban mientras yo seguía estancado en el mismo lugar.

Con las mujeres tampoco me iba mejor. Después de pasar doce años en un colegio religioso de varones no podía acercarme a una chica sin tener taquicardia. Así y todo algunos pocos encuentros se iban dando, más por iniciativa de ellas que mía. A los veintitrés debuté con una compañera de la facu que me acosó una tarde en la que estudiábamos anatomía.

Mientras mis hermanos Josefina y Ezequiel se casaron yo tenía noviazgos escasos y fugaces. Empantanado, seguía viviendo en la casa de mis padres. Al no tener pareja ni trabajo no tenía apuro ni posibilidades de irme. Finalmente, cuando a mis treinta decidí alquilarme un departamento murió papá. Mamá se vino abajo y no tuve más remedio que posponer el plan.

Como arrastraba varios achaques su recuperación tomó más tiempo de lo previsto. Sin haberlo elegido mi rutina se convirtió en ir a trabajar y volver a casa a cenar con ella. Así estuvimos casi dos años hasta que un día me dijo:

—La tía se viene a vivir acá. Es mi única hermana y no tiene sentido que esté sola en su departamento cuando puede estar con nosotros. ¿No te parece?

Me quedé helado. A partir de ahí mi nueva realidad fue volver del trabajo para cenar con dos ancianas viendo el noticiero. Más patético imposible. **Sin darme cuenta fui cayendo en una depresión. ¿Esto es la vida? ¿Dónde quedaron todas las cosas que soñé?**

Miraba con envidia las vidas de los demás. A todos les pasaban cosas, evolucionaban. Yo en cambio seguía en el mismo lugar, momificado con un trabajo irrelevante, sin pareja, cenando diariamente con dos jubiladas. Tomando un café con un amigo surgió una conversación extraña.

—¿Tenés novia?

Algo incómodo negué con la cabeza. Con naturalidad repreguntó:

—¿Y novio?

Le sonreí sin poder creer lo que me estaba preguntando. ¿Cómo se le ocurría pensar que era gay? ¿Yo? Si bien la pregunta me pareció un disparate comprendí que visto de afuera parecía una hipótesis razonable. Y aunque no tuviera ningún problema con los homosexuales el hecho de que no percibiera mi sexualidad profundizó mi sensación de aislamiento. Ni mis amigos me conocían.

Agobiado por mi realidad empecé terapia. En pocos meses quedó claro que el paso decisivo era irme de casa. Nada fácil. **Mis hermanos miraban para otro lado total, ¿qué mejor que yo acompañara a mamá, si encima era médico? Ellos podían hacerse los boludos olímpicamente, viajar, vivir sus vidas, total está el doctor, el enfermero, el acompañante terapéutico, el boy scout siempre listo para socorrer a la madre de todos. Rol asumido, rol asignado.**

Mamá tampoco aceptaba que me fuera. A su criterio, como yo no tenía familia ni pareja no hacía falta que entrara en gastos innecesarios. ¿Creería eso o solo sería otra manipulación para que me quedara con ella?

En terapia trabajamos la idea de explicarle que me alquilaría un departamento a la vuelta manzana para integrar su necesidad de sentirse protegida con mi derecho a tener una vida.

Justo cuando estaba por planteárselo le apareció un tumor y tuve que posponer nuevamente el plan. Para peor en el trabajo echaron a mi mano derecha y por cuestiones de presupuesto tuve que empezar hacer el trabajo de dos personas sin que me subieran un centavo. Nada hay tan malo que no pueda empeorar aún más. Con esta situación perdí la poca vida que me quedaba. Ni siquiera tenía fuerzas para ir a ver algún partido de básquet. Solo trabajar y cenar con mamá y la tía.

Pareciera que lo mío no es la vida. ¿O será esto, un largo declinar hasta la muerte? ¿Cuándo fue que empezó esta confusión, esta frustración permanente que no termina nunca?

—¡Dejate de joder, Gastón! —me sacudió un amigo—. Solo tenés que mudarte a una cuadra. Parece un pequeño paso pero es muy importante. Tu madre va a entender y sino... tampoco puede seguir arruinándote la vida —lo miré dubitativo.

—¿No te gustaría estar en la sala en calzones? ¿O tirarte un pedo con libertad? Ya no te digo encamarte con alguien sino cosas más elementales.

De solo pensarlo se me iluminó la cara. Pude ver hasta qué punto mi vida era un agujero negro.

¿Podré tener una vida mejor? Llevo tantos años viviendo de esta forma que ya me parece lo normal. Por otra parte, así como algunos esperan enviudar para ser libres, otros confiamos en que la libertad nos llegará el día en que nuestros padres se mueran. Como si entonces no pudiera ser demasiado tarde.

En mi caso, quizás mamá viva diez años más en los que necesite mucha ayuda. Mis hermanos vendrán dos veces por semana cuando sus vidas se lo permitan. Yo en cambio estaré jodido, viviendo en un departamento transformado en un sanatorio. Rol asumido, rol asignado.

Me siento como un preso que mira el cielo desde atrás de los barrotes. Pienso en pedirle ayuda a mis hermanos pero tengo pánico de que miren para otro lado, porque una mayor libertad mía complicaría la situación de ellos. De hecho, ya es llamativo que no hayan tenido ninguna iniciativa. También se me ocurre hablar con mamá pero tengo miedo de decepcionarla, ¿le voy a arruinar los últimos años de vida?

Me gustaría tener una compañera, pero ¿cómo se hace después de estar encerrado tanto tiempo? Tengo el cuerpo y el espíritu oxidados, con moho. No sé ni por dónde empezar.

A veces me ilusiono con ser libre. Quiero que un suceso externo, ajeno a mí, me libere. Después me doy cuenta de que eso no va a pasar. Nadie nos regala la libertad, hay que ganársela. Oscilo entre el miedo de quedarme atrapado en esta telaraña que es mi vida y el pánico a correr riesgos.

Cuando estoy por convencerme de que los costos de la libertad son muy altos y que es mejor quedarme tranquilo, veo el precio que pagan las personas que no se animaron a ser libres.

Hay pájaros a los que si uno les abre la puerta de la jaula no se van. Prefieren la comida y la protección antes que el riesgo de volar otros cielos.

Ese desgraciado

(Atrapados por nuestros odios)

*Lo único que podemos cambiar
del otro es la forma de mirarlo.*

Percibí el dolor de la paciente que tenía enfrente. Con más de cincuenta años y después de una vida de casada, supuse que su marido la habría dejado por alguien más joven.

—¿Cuánto hace que se fue?

—¿Con esa chiruza? Algo más de veinte años —contestó enojadísima.

La respuesta me sorprendió. ¿Veinte años? Que una pareja se rompa por un tercero, es un drama común. Aunque los integrantes lo vivan como un hecho catastrófico y crean ser las únicas personas de la humanidad a quienes les pasa algo tan terrible.

Durante la crisis, también es lógico que la persona abandonada crea que nunca volverá a estar bien. Pero después de un tiempo que en mi experiencia va de los dos a cinco años, se recuperan. Este no parecía ser el caso, llevaba veinte años sin poder despegar, con un dolor oxidado.

—¿Y qué fue de la vida de su ex?

—Sigue con esa puta, tuvieron cuatro hijos —respondió indignada.

—¿Ustedes cuánto tiempo estuvieron casados?

—Casi seis años, más uno de novios.

El caso se mostraba complejo; mientras ella había sido incapaz de rehacer su vida, su ex marido había logrado una estabilidad importante. Veinte años con la misma pareja y cuatro hijos no parecía dar lugar a dudas. Si el hombre había podido desarrollar una relación de largo plazo, lo más probable era que el problema fuera la antigua pareja, es decir, la mujer que yo tenía enfrente, pero no él.

Me contó cómo había sido el romance de la discordia y el traumático proceso posterior. Como ella parecía haber bajado un poco la guardia al conectarse más con el dolor que con su enojo, aproveché:

—¿Por qué usted no pudo rehacer su vida y enamorarse nuevamente? Cuando se separaron tendría unos treinta años...

—Cuando ese desgraciado nos abandonó a mí y a mis hijitos yo tenía veintinueve años. ¡Una vergüenza!

Me pregunté si sería posible ayudar a alguien en ese estado.

—¿No le da tristeza saber que está malgastando su vida? —apuré el paso.

—¿Tristeza? No doctor. ¡Estoy furiosa por lo que mi marido nos hizo!

—¿Se refiere a su ex marido, el que la abandonó hace veinte años?

Después de un silencio incómodo le hice una pregunta más directa:

—¿Es consciente de que toda su energía está puesta en el lugar equivocado, impidiéndole seguir con su vida?

—Sí, claro —respondió con naturalidad—. **Cuando me di cuenta de que ese desgraciado no iba a volver tenía dos opciones: intentar ser feliz pese a todo, o hacerle la vida imposible. Y elegí lo segundo** —dijo con una sonrisa macabra.

Pensé en que muchas personas eligen voluntariamente la autodestrucción. **¿Por qué algunos después de haber sido heridos pueden perdonar, sanar y seguir adelante, y otros en cambio, gastan toda su energía en arruinar las vidas de sus ex, como si eso les diera sentido a las suyas?**

—¿Y qué hacía para arruinarle la vida?

—Ufff... —suspiró orgullosa—. Le inventé denuncias de violencia contra mis hijos; le hice juicio por el no pago de alimentos cuando en realidad me había venido pagando en efectivo; le escondí los pasaportes de los chicos la noche previa a que viajaran a Estados Unidos para que no pudieran viajar con él a Disney... No sé, mil cosas...

—¿Y para qué viene acá?

—Para que me ayude —dijo incómoda.

Después de unos minutos que parecieron horas, balbuceó:

—**No puedo seguir viviendo así. Quiero desarrollar mi vida pero a su vez siento que ya la desperdicié. Los mejores años ya pasaron, ¿o usted cree que con hipertensión y esta panza es fácil encontrar pareja? Además,** me dediqué a joderle la vida a mi marido, si dejo eso atrás, ¿qué hago?

Nunca dejan de sorprenderme los estragos del odio, que llevan a una persona a la locura, a perpetuarse en la venganza. Casi todos son conscientes de que al querer destruir al otro también destruyen sus propias vidas. Una suerte de kamikazes. Pero así y todo no pueden evitarlo.

—Entiendo que usted no es una mujer de veintinueve años y que no tiene el cuerpo de una modelo. También es inevitable que con un enojo de décadas tenga presión alta… Pero si está dispuesta a hacer algo con su vida, puedo ayudarla. Si en cambio prefiere seguir poniendo toda su energía en torturar a su ex, no tengo nada para ofrecerle.

—¿Y que sería hacer algo con mi vida? —preguntó irónica.

—Aprender a llevar bien lo que la vida le presenta. Abrirse a las posibilidades reales que debe tener y que usted desprecia.

Hice una pausa y cerrando le dije:

—**Haber perdido tiempo nunca es el problema. Todos lo perdemos. El tema es seguir perdiéndolo en algo que ya sabemos que nos hace mal. Siempre es más fácil responsabilizar al otro que reconocer nuestros errores. Pero culpar a los demás nos deja estancados en el mismo lugar. Hacernos cargo, en cambio, nos abre la posibilidad de crecer. Usted elije. Si tiene la humildad de buscar un camino, soltando ese pasado que le resulta tan importante porque hace veinte años que lo abraza con todas sus fuerzas, me avisa.**

El siguiente paciente tocó el timbre.

—¿Qué guardás en esa mano? —preguntó Dios.

—Algo que no quiero soltar —contestó el hombre apretando fuerte su puño.

—Qué pena, iba a dejarte algo...

El brazo
(Ojos que no ven, corazón que sí siente)

El estado del ser humano necesita
cierta dosis de anestesia.

FREDDIE MERCURY

Papá caminaba al lado de mi camilla agarrándome fuerte la mano derecha. Anoche me confesó que hubiera dado la vida por estar en mi lugar y evitarme todos los problemas que estaba pasando. Pero obviamente no se podía.

Antes de cruzar las puertas vaivén que daban al quirófano, el camillero hizo una pausa para que me despidiera de mis padres. Miré a los ojos a papá, queriendo confirmar lo que intuía.

En los últimos cinco años me habían operado tres veces para sacarme unos carcinomas que estaban pegados al húmero. En la última cirugía no pudieron garantizar que no quedaran células malignas adheridas al hueso.

Papá me dio un beso de despedida, me apretó fuerte la mano y mirándome a los ojos me dijo:

—Quedate tranquilo que todo va a estar bien.

Entré al quirófano con sentimientos encontrados, no sabía si creerle a papá o a lo que sentía. Miré mi brazo y la mano derecha, y moví los dedos como si fuera un pianista ¿Sería la última vez que los vería? El anestesista me puso una mascarilla, me dijo que respirara normalmente y contara hasta diez.

Después de la cirugía y ya en el cuarto fui recuperando la consciencia. Aunque aún estaba bajo los efectos de la anestesia sentía dolor en el brazo. No quería moverlo así podía recuperarse lo más rápido posible. Aunque para ser honesto, tampoco me animaba a mirar, no fuera cosa que me lo hubieran amputado. Así pasé más de un día con la cabeza girada para el otro lado.

A pesar de a mis esfuerzos por evitar la realidad, medio dormido intenté taparme con mi mano derecha. Como no pude agarrar el acolchado giré mi cabeza para ver qué estaba pasando. Lo que vi no me lo voy a olvidar en el resto de mi vida: el vendaje y mi brazo terminaban antes del codo.

Años después supe que tan pronto crucé las puertas vaivén, mis padres se pusieron a llorar desconsoladamente. Habían movido cielo y tierra y consultado a los mejores especialistas, quienes llegaron a la conclusión que era preferible amputar el brazo que seguir arriesgando la vida.

Eran otros tiempos y nadie pudo explicármelo.

Finalmente me enteré de lo que ya sabía.

Siempre sentimos esas verdades que no nos animamos a ver.

Hay situaciones tan dolorosas que miramos para otro lado porque no las toleramos.

Negamos con la esperanza de que la realidad sea distinta.

Y a veces es el único camino posible hasta juntar fuerzas y enfrentar ese dolor.

Todos somos Caín y Abel
(Matamos para que nos amen)

Me había pedido que nos encontráramos con urgencia así que salí corriendo de la oficina y me subí al primer taxi que pude. No había terminado de entrar en su casa cuando se despachó:

—Estoy muy preocupada con tu hermano, ahora quiere estudiar psicología. ¿A vos te parece?

Más que sorpresa, mi primera reacción fue de fastidio. ¿Para eso necesitaba verme? ¿Por qué no dejaba a mi hermano en paz? ¡Y a mí también!

—¡Con lo bien que le está yendo en la empresa! Yo entiendo que tiene condiciones para ser psicólogo: gran capacidad de escucha, es contenedor y compasivo, siempre te dice algo valioso... Pero de ahí a dejar el cargo que tiene en el banco y empezar a armar una modesta clientela de pacientes a los cuarenta...

Mientras escuchaba la catarata de palabras de mi madre, me aflojé. Como si me hubiera tomado dos gin tonic.

—Tiene treinta y cinco años —dije tratando de aligerar el desproporcionado drama de mi madre.

—Sí, pero para cuando se reciba y empiece a trabajar tendrá cuarenta. ¡De no creer! Con tres hijos, el nivel de vida que lleva… ¿Va a tirar todo por la borda para juntar los pesos de a uno?

—Vos también juntaste los pesos de a uno como dermatóloga y mal no te fue. Calculo que habrá evaluado los pros y los contras —le contesté sintiéndome cada vez más desconectado de la charla.

Ella hablaba sin parar, más de sus propios miedos que de los que sentiría mi hermano. De repente dijo algo que me movilizó un poco más.

—¿Cómo va a abandonar la carrera que tiene?

Me aflojé un poco más, como si me hubiera tomado otro gin tonic.

Abandonar la carrera trajo a mi cabeza las olimpíadas del colegio, en las que competíamos todos los años en varias disciplinas.

Yo era bueno en varios deportes pero brillaba en las carreras. Las amaba y las odiaba por igual. Con frecuencia, tres o cuatro de nosotros llegábamos a la recta final sin saber quién ganaría. Aun con la meta ahí nomás, todo era incertidumbre. Seguíamos esforzándonos, sufriendo, empujando el umbral del dolor con la ilusión de ser primeros. El segundo puesto no servía para nada, no existía. ¿Quién se acuerda del segundo hombre que piso la luna, o de la mano derecha de Cristóbal Colón? A veces llegaba primero y era la gloria; otras terminaba segundo y era el vacío, la nada. Me daba lo mismo que terminar cuarto o decimoséptimo. Quizás hasta fuera mejor porque no me habría esforzado tanto ni expuesto inútilmente.

Me acordé del último año del colegio, en el que llegué a la final con mi rival de toda la vida. Si bien nos anotamos unos cuarenta chicos, en realidad solo estábamos él y yo. Era la carrera definitiva porque no habría revancha posible; el año siguiente estaríamos en la universidad. Nadie lo aclaraba pero los dos lo sabíamos.

Dieron la señal de largada y todos salimos a paso rápido formando un pelotón. Algunos inexpertos y otros pretenciosos apuraron el ritmo y se adelantaron. Dos kilómetros después estaban tirados al costado del camino intentando respirar como peces afuera del agua. Mi rival y yo, en cambio, seguíamos sin sacarnos dos metros de ventaja. A veces lideraba él, a veces yo. ¿Quién ganará?, me preguntaba a mí mismo queriendo descifrar el futuro.

La carrera era de diez kilómetros y cuando estábamos por el séptimo sentí que me moría. Me sostuve recordando a un campeón olímpico que siempre estaba muerto al promediar la carrera. Él explicaba que no era una cuestión de entrenamiento sino que había que cruzar un umbral psíquico. Por más que su preparación le permitiera correr cuarenta y dos kilómetros, en las carreras de veinte solía ahogarse cuando iba por el kilómetro quince. ¿Cómo era posible si estaba entrenado para correr más del doble? Peor aún, en las carreras más cortas también le pasaba: siempre se sentía morir cuando había recorrido más de la mitad del camino pero seguía sin divisar la meta, fuente de inspiración final. Misterios del alma humana.

Llegué al último kilómetro exhausto. Mientras buscaba algún lugar de mi cuerpo del que sacar fuerzas ocurrió algo inesperado. Inexplicablemente mi rival empezó a perder ritmo hasta que paró.

Sin aflojar el ritmo me di vuelta para mirarlo y confirmar que era cierto. Mi agotamiento desapareció, así que apuré el paso queriendo rematar al muerto con un disparo en la cabeza. Me angustié al pensar que podía ser una trampa, que quizás estaba subestimando algo. Volví a mirar atrás y lo vi a lo lejos, chiquitito, sentado en un costado del camino. Era verdad: yo era el nuevo y último campeón para siempre. No habría revanchas, la historia era toda mía.

Los quinientos metros que me faltaban recorrer fueron un paseo. El agotamiento que tenía dos minutos antes había desaparecido. Sentí un gran alivio, como si me hubiera sacado un enorme peso de encima. Ya no necesitaba seguir esforzándome, ya no podía perder. Igual que ahora con mi hermano.

Mi madre seguía hablando y hablando mientras yo estaba en mi laberinto y empezaba a entender lo que estaba pasando. ¿Cuándo había arrancado toda esta locura? ¿En qué momento y a raíz de qué se había originado esta competencia a muerte con mi hermano? ¿A él también le pasaba? Y yo que estaba convencido de que nos llevábamos tan bien porque éramos distintos...

Sentía un alivio enorme, parecido al de aquella carrera. Y al igual que entonces, la angustia se filtraba como el humo debajo de la puerta. ¿Será cierto? ¿Y si después que me ilusione cambia de idea y sigue en el banco? O peor aún, ¿y si llega a ser un terapeuta célebre y termina siendo más importante que yo? Las preguntas no tenían fin.

Ahí estaba yo con mis fantasmas, solo ansiando que me amaran. Y no me alcanzaba con ser amado sino que pretendía ser el único amado.

El alivio inicial que había sentido se fue transformando en cansancio, al tomar consciencia de que me había pasado toda la vida compitiendo por amor.

Tenía que haber mejores formas de vivir.

Voy a ser exitoso para que no tengan más alternativas que quererme, para que no tengan más remedio que estar orgullosos de mí.

Sitio para infieles
(Miedo a nosotros mismos)

> *Lo que negamos nos somete,*
> *lo que aceptamos, nos transforma.*
>
> Carl Jung

Apenas terminaron de cenar cada uno de los chicos se fue a su cuarto a prepararse para salir. Es lógico, tienen veinte años y usan la casa como un hotel. Levanto la mesa y me pongo a ordenar todo mientras mi marido ve un partido de fútbol. Más allá de que tengo una familia hermosa y un buen trabajo vengo sintiéndome insatisfecha. Como si me costara aceptar que en la vida no hay mucho más que esto.

Cuando termino de limpiar la cocina voy a la sala de estar y prendo la computadora. Navego un rato por varios sitios de noticias y algunas redes sociales. Después de ver el partido de fútbol, Carlos apaga la tele y se va a dormir. Pienso que es sábado a la noche y siento un poco de melancolía.

En un portal de noticias encuentro un aviso que me llama la atención: *Ten una aventura*. Se llama Ashley Madison, un sitio para infieles. Hago clic para ver de qué se trata y me pongo a navegarlo. Después de fantasear un rato con algunos hombres me doy cuenta de que algo me está pasando.

Me sorprendo analizando quién vale la pena y quién no en forma rápida y precisa. Proceso posibles amantes con la velocidad de una computadora. Miro qué altura tienen, cuánto pesan, cómo es su cuerpo. Si aprueban esos prerrequisitos trato de indagar sus intereses, ver si parecen inteligentes o básicos. Varios me producen cosas. Lo opuesto a mi marido, con quien la rutina nos pasó por arriba. El último paso de mi casting es ver cómo los califican otras mujeres con las que se revolcaron. Lo que empecé por curiosidad se está transformando en un tsunami.

Llevo una hora frente a la pantalla y no puedo parar. Me siento como una ludópata. Encuentro a un tipo igual a George Clooney. Otro con un lomazo de boxeador. Mientras paso hombres como si fueran juguetes sexuales me entusiasmo pensando que no me voy a morir habiéndome acostado solo con mi marido y un par de novios.

Caigo en la cuenta del estado en el que estoy y me angustio un poco. Siento culpa por estar navegando en un sitio para infieles y sobre todo, por haber perdido el control de mí misma. ¿Veinte años de un buen matrimonio entran en crisis por tan poco? Me asusta mi propia fragilidad.

Pienso en cerrar la página y exorcizar mis demonios pero no lo hago. Aunque **no pretendo hacer cualquier locura tampoco me quiero seguir reprimiendo. ¿Cuál es mi** olla a presión? ¿Mil años teniendo sexo con la misma persona? ¿Malgastar los pocos cartuchos que me quedan antes de volverme invisible cuando no atraiga a nadie?

Sigo estudiando los perfiles de los hombres y los comentarios de las amantes que se animaron a escribirlos. Encuentro algunos casos que buscan tríos y mi ansiedad crece, ni me animo a mirar a los ojos a esa vieja fantasía que tengo. Oscilo entre la calentura de querer coger con alguien ahora mismo y la angustia por mi descontrol.

En un impulso saco la tarjeta de crédito y cargo mis datos para poder usar las herramientas premium. Cuando voy a apretar *enter* caigo en la cuenta de que mi marido recibirá el extracto y por más que el sitio garantice la privacidad me da miedo. Después de unos segundos en los que mi cabeza piensa a doscientos kilómetros por hora saco la tarjeta del trabajo. Llegado el caso le explicaré a mi jefa que le sobra humanidad.

Al terminar de cargar los datos de la tarjeta corporativa algo me frena. En otro impulso cierro la página sintiendo todo tipo de emociones contradictorias. **Estoy frustrada por no poder acostarme con algún hombre esta misma noche. Y tranquila de saber que mi familia y mi vida están a salvo.**

En la bandeja de entrada encuentro dos emails de Ashley Madison y se me hiela la sangre. Aunque no había llegado a cargar los datos de la tarjeta me había registrado. Marco los dos correos como spam para que no aparezcan nunca más. Me da tristeza pero sigo adelante. Después abro los correos basura y los eliminados y los borro también de ahí. Muerto el perro se acabó la rabia.

Estoy asombrada de mí misma, de ver cómo pasé de un extremo al otro. Aunque borré todas las huellas que pudieran complicarme, mi sexualidad sigue en llamas. Voy a la cama y me acuesto al lado de mi marido que, ajeno a todo aquel submundo, ronca. Mi cabeza sigue sin poder parar, así que me toco dos veces.

Inmediatamente después de acabar me tranquilizo. Siento como si todo esto hubiera pasado hace diez años. ¿Cómo es posible cambiar tanto por un simple orgasmo? Si en este momento entrara nuevamente en Ashley Madison no se me movería un pelo.

¿Qué soy, una hembra en celo que tan pronto acaba recupera la razón? Hago un esfuerzo de mirarme con compasión, después de todo soy un ser humano que, aunque presume de ser racional, tiene el noventa y siete por ciento del ADN de un chimpancé. **Si el sexo no distorsionara la mente la especie ya se hubiera extinguido.**

No puedo parar de pensar y mucho menos dormir. Me acuerdo cuando sentí miedo de mí misma al percibir todas las pulsiones que me atravesaban. Me consuelo pensando que es la primera vez que las acepto, lo cual es positivo. Después de todo, seguirán existiendo aunque las niegue.

Me doy cuenta de que me pasé la vida bloqueando emociones que pusieran en riesgo mis seguridades. Como si tener esos deseos fuera de putas, alguien inteligente y sano no puede sentir esas cosas. ¿De dónde salió semejante disparate? De hecho, es evidente que todos estos deseos están ahí, apretujados, peleando por salir.

Pienso en mi matrimonio, ¿tan mal está? Es verdad que con Carlos somos víctimas de la rutina y su inevitable desgaste, pero nos queremos, nos respetamos, nos ayudamos.

¿Podré hablar con él de esto? Antes nunca me animé porque ni me permitía pensarlo. Pero enterada de que me pasan estas cosas quizás sea un buen momento. ¿Cómo se lo tomará? Seguro que ha vivido mil situaciones y ni se animó a contarme, convencido de que lo sacaría cagando.

Imagino las opciones que se presentan y me angustian. Hablar con él y acordar ciertas libertades recíprocas. No llegar a ningún acuerdo. Tener una aventura o varias en secreto. Resignarme a no vivir mi deseo.

La verdad es que no sé bien cómo actuar pero lo único que tengo claro es que no quiero seguir haciendo como si no pasara nada.

Prendo la luz y codeándolo lo despierto.

—Gordo, tenemos que hablar.

Me mira con los ojos entrecerrados como si fuera un chino.

—¿Qué pasa? ¿Te querés ir con otro?

—No tanto —le contesto.

"Cuando confieso a sacerdotes solo me hablan de sexo. Cuando confieso a prostitutas solo me hablan de Dios".[5]
Lo que negamos y reprimimos nos desestabiliza. Lo que aceptamos pierde fuerza y encuentra su lugar.

5 Anthony de Mello.

El fugitivo

(Miedo a la intimidad)

¿Qué más da que en la calle la gente se quiera sacar
fotos con vos si al final llegás a tu casa y estás solo?

PATRICK CRIADO

Me puse unos Levis originales y una remera pegada al cuerpo. Me afeité bien y rocié con Kenzo, el perfume de moda. Bajé del departamento que alquilábamos sobre la calle Gorlero, en aquellos tiempos la Meca de la movida en Punta del Este.

Eran las primeras vacaciones en un lugar que había soñado tantos años. Nosotros siempre íbamos a Miramar porque mi familia tenía una casa a dos cuadras de la playa. Pero justo ese verano alguien ofreció alquilarla y los viejos aceptaron la propuesta con la idea de cambiar un poco.

Pasar de Miramar a Punta del Este no era un cambio exento de riesgos, significaba un salto muy grande. Ahí veraneaban mis compañeros más importantes y yo tenía miedo de no estar a la altura de las circunstancias. Además, ellos eran los únicos que salían con chicas, lo cual era toda una hazaña. Algunos hasta confesaban haber debutado sexualmente. ¿Sería cierto?

Yo me moría de ganas de que me integraran pero no había ninguna chance; no solo en la India hay castas. Así que lo único que me quedaba era fingir; no tanto ver —que me hacía sentir mal—, sino ser visto. Eso era lo importante. Me contentaba con que al volver el colegio alguien dijera: *Che, lo vi a Peter en Gorlero.* Ese comentario aparentemente menor podría significar un upgrade en mi vida social.

Como no tenía con quien salir decidí caminar la calle Gorlero de punta a punta. Ir desde el casino hasta el cine implicaba recorrer la pasarela clave para ver y ser visto. Iba a paso rápido para no exponer mi debilidad y que todos creyeran que estaba apurado llegando tarde a una fiesta buenísima. El pasto siempre crece más verde en el jardín de al lado.

Me habrá tomado unos diez minutos llegar al cine Concorde, donde terminaba la calle principal. Objetivo cumplido. Había atravesado la vidriera más importante de Punta del Este, visto chicas lindas, me habrían visto, había llegado al final. El único problema era que la noche recién empezaba y me daba tristeza volver a casa a dormir.

Después de pensarlo unos segundos decidí caminar nuevamente las diez cuadras en sentido contrario. Tal vez así me encontraba con algún compañero de colegio a quien saludar y seguir caminando. Lo importante no era ponerme a charlar sino que me vieran ahí.

Antes de volver entré al baño del cine, me sequé la transpiración y me acomodé el pelo. Tenía que parecer desordenado pero hasta el último detalle estaba cuidado. Terminada la pequeña producción caminé de regreso a paso rápido. **Una chica divina me miró de reojo. Aterrorizado, la ignoré como si no me interesara cuando en realidad hubiera estado feliz de hablar con ella. Me maldecía por ser incapaz de parar y conversar un rato o aunque mal no fuese, devolverle la mirada. Pero me resultaba imposible. Me consolé pensando que al menos era deseado.**

Después de unos minutos más llegué nuevamente al casino, el inicio de Gorlero. No había visto a ningún amigo del colegio, ¿me habrían visto ellos a mí? ¿O no habría nadie? Fui al sector de las máquinas tragamonedas y miré todo a vuelo de pájaro, también simulando prisa. Como no podía dejar en evidencia que estaba más solo que un perro fingí buscar a alguien.

Salí del casino y para no mostrarme sin rumbo volví a caminar las diez cuadras de Gorlero. Mi cabeza me empezaba a torturar preguntándome por qué no paraba y me ponía a conversar con alguna chica con la que cruzara miradas. ¿Pero cómo se hacía? Ya había salido a solas con algunas y teniendo pánico de no saber qué decir había planeado toda la conversación.

Y me pasó igual que a **Mohamed Alí cuando le preguntaron si planeaba sus peleas:** *Planifico cada detalle desde el primer round hasta el último, claro que eso dura hasta que me pegan el primer trompazo en la cara. Ahí se terminan los planes y empieza la pelea real.*

Llegué nuevamente al Concorde y sentí algo de sed. ¿Cómo tomar algo sin exponer mi soledad? Después de asegurarme de que no me viera nadie compré una Coca y rápidamente me fui a tomarla al baño del cine. Bajé la tapa de un inodoro, me senté y la disfruté tranquilo. Aunque el lugar no era precisamente el mejor, al menos estaba protegido.

Antes de salir del baño necesitaba pensar cómo seguir. Me cayó la ficha que si algún conocido estaba sentado en un bar me habría visto pasar cuatro veces. Una vez podrían pensar que estaba llegando tarde a una fiesta. ¿Pero cuatro? ¿En media hora? ¿Y en sentidos opuestos? Sin resto emocional para hacer algo distinto salí de nuevo a caminar por Gorlero.

Al llegar de vuelta al casino casi me muero: Ignacio Bullrich, el líder absoluto de mi clase, charlaba con un grupo de chicas y chicos. Ellas eran lindísimas lo que fue un golpe duro a mi autoestima. Por suerte los varones no eran de mi colegio así que me sentí algo menos excluido.

Si bien era la gran oportunidad para que el ídolo de la clase me viera, había temas por resolver. No podía pararme a conversar con él para no convalidar su paraíso, solo faltaría que le pidiera un autógrafo para sentirme un reverendo pelotudo. Mucho menos podía exponerme a que se diera cuenta de que no iba a ninguna fiesta, que era solo un impostor. Crucé la calle confiando en que la distancia me protegiera.

Mientras caminaba a todo vapor, miré de reojo para ver si me había visto. Parecía que no, así que cuando estuve fuera de su radio visual, frené. Necesitaba asegurarme de que me viera. Jugándome el todo por el todo decidí volver a pasar por la mano de enfrente. ¿Y si me había visto? Mi coartada de que iba apurado a algún lugar genial se derrumbaría. Igual, preferí eso antes que arriesgarme a que no me viera. Después de todo, ser es ser percibido.[6]

Respiré hondo y empecé mi quinta marcha con dirección al Concorde. Mantuve un paso rápido para seguir fingiendo que iba a esa fiesta buenísima, aunque no tanto como para que Ignacio no me viera, el ritmo justo.

Poco antes de pasar enfrente suyo dudé. ¿Y si no me ve? Pensé en cruzar la calle y caminar por la misma vereda en la que él estaba parado. Pero si pasaba tan cerca estaría obligado a parar y correr el riesgo de que me preguntara adónde iba. Mi verdad era imposible de explicar y si le decía que estaba yendo a una fiesta podía ocurrir algo aún peor: que él y sus amigos estuvieran sin programa y quisieran venir conmigo. Me quedé en la vereda de enfrente.

Ignacio se corrió un poco mientras fumaba y sentí que era mi oportunidad. Bajé el ritmo y ahí nomás se produjo el milagro: nuestras miradas se conectaron. Levanté mi brazo y él con la mejor onda hizo lo mismo. Misión cumplida.

Después de deambular por la calle lateral en la que había menos gente y no estaba tan expuesto volví al departamento. Mis padres dormían y mi hermano había salido. Fui a la cocina a ver si había algo rico. Con la puerta de la heladera abierta me comí un frasco de dulce de leche preguntándome qué carajo estaba haciendo con mi vida.

---

6 George Berkeley.

La intimidad puede resultar intolerable. Y terminamos escapándonos de lo que más necesitamos.

El secuestro
(Miedo al cambio)

—Vestite que te vas.

Esas cuatro palabras me llenaron de angustia. Se supone que debería alegrarme, pero dejar este sótano es la situación más riesgosa que me toca vivir desde que estoy secuestrado. Si el plan es rematarme con dos tiros necesitan sacarme de acá. Como a un ternero que lo llevan al matadero.

Es irónico que me sienta seguro en este lugar en el que estoy encerrado desde hace más de diez días. Mejor les voy a pedir que me dejen tranquilo. Sé que suena raro pero a las pocas horas de estar acá ya me había adaptado. Como si toda mi vida hubiera sido así. La idea de que en cualquier momento pueden matarme va y viene. Igual, **la capacidad de negación que todos tenemos me hace creer que eso no va a pasar, que es un escenario remoto.** Como si no estuviera secuestrado por una banda de delincuentes.

No tengo dudas de que mi familia pagará el rescate pero soy consciente de la fragilidad de todo el proceso. Sé que cada minuto puede ser el último. Me cuido de no mirar el agujero por donde me pasan la comida no sea cosa que accidentalmente vea la cara de un secuestrador. A ver si por temor a que lo identifique en un futuro reconocimiento policial no tiene más remedio que liquidarme.

Después del shock inicial cuando me golpearon y metieron en el baúl del auto en el que me trajeron hasta acá, fui recuperando alguna tranquilidad. Quizás me sienta contenido por estas cuatro paredes, o tal vez sea que ya llevo varios días sin que pase nada malo. Como si el pasado sirviera para predecir el futuro.

De a ratos se me dispara la angustia y tengo dificultades para respirar. Pienso en algunas de las formas en que podrían matarme: ahogarme llenando este sótano con agua; rociar todo con nafta y prenderlo fuego; asfixiarme con algún gas tóxico; envenenarme la comida; o simplemente sacarme de acá y pegarme dos tiros. Por suerte después de un rato la desesperación afloja y me tranquilizo. No tengo más remedio que aceptar la realidad y esperar.

—Ponete la capucha y quedate sentado. Y no hagas nada raro si querés volver a ver a tus hijos —me ordena el secuestrador.

Soy consciente de que estos pueden ser los últimos instantes de mi vida. Me acuerdo del día del padre que lo pasamos con los chicos comiendo hamburguesas y saltando sobre mi cama. ¿Volveré a verlos? Solo imaginarlos huérfanos, sin abrazos ni cosquillas me llena los ojos de lágrimas.

Sin quererlo una parte de mi cabeza me desestabiliza: *esto es una trampa para que cooperes mansamente con tu propia ejecución. Pensá pronto una salida.* La otra parte de mi mente me explica que no necesitan de mi colaboración para matarme. Y que tarde o temprano será inevitable dejar este cuarto.

Después de un rato que pareció una eternidad acepté que no tenía más remedio que seguir adelante. En breve sabría la verdad, si era una trampa tal vez pueda escapar. O no, y me maten como a un perro.

Al final me liberaron.

Hasta ese día yo era una de esas personas llenas de certezas, con respuestas para todo.

A partir de entonces me di cuenta de que aferrarme a lo conocido podía ser muy peligroso. ¿Cómo era posible que me sintiera más seguro secuestrado en un cuarto que vistiéndome para irme? ¿Qué me hacía pensar que manteniendo el *statu quo* en ese sótano de tres metros cuadrados estaría mejor?

También pude ver que **estirar situaciones por el miedo al cambio, podía ser fatal. La vida fluye y nunca nos deja demasiado tiempo en un mismo lugar por más que queramos. Tarde o temprano tendremos que levantar campamento y adentrarnos en lo desconocido.**

La comodidad suele anestesiarnos.

No hay nada más peligroso que no querer correr ningún riesgo.

El anillo

(De sufrir a agradecer)

Me había ido de casa con lo puesto. Atrás quedaban mi esposa, los chicos y un lujoso departamento. Solo me llevaba un bolso con ropa, mucha música guardada en un Ipod, un pequeño parlante y tres libros. ¿Alcanzarían para tener alguna sensación de continuidad? ¿O era mi desesperación por aferrarme a algo en medio del naufragio?

La catástrofe se había desencadenado por un amor prohibido. En mi omnipotencia y rigidez nunca había pensado que me pudiera pasar algo así; eso le ocurría a los débiles, los sentimentales o los inmorales. No a mí. Pero resultaba que ahora tenía que atravesar mi propia Troya, la destrucción generada por un romance.

Bastaron unos pocos mensajitos en el celular para intuir que con Lisa se me quemarían todos los papeles. Lo que había arrancado como un flirteo inocente se transformó en una explosión atómica. **¿Siete Whatsapp podían poner en crisis tantos años de pareja? ¿Tan frágil es todo?**

Opté por defender a mi familia con dientes y uñas. Terapia solo, de pareja, retiros, viajes con mi mujer, conversaciones con amigos y todas esas cosas que se hacen para tratar de evitar lo inevitable.

A veces intentamos todo aun sabiendo que no podremos cambiar nada. Nuestra voluntad queda relegada al triste papel de una simulación. Fingimos que somos maduros y responsables, que hacemos todo lo que hay que hacer. Pero tenemos la íntima convicción de que nuestro corazón ya decidió.

Después de pelearla un par de años no tuve más remedio que irme. Era tal mi confusión que no tenía la menor idea de cómo seguiría mi vida. Y no me estaba separando para estar con Lisa sino porque la convivencia con mi esposa ya era imposible.

En el destierro deshojaba la margarita preguntándome si volver o no. Tironeado por mis emociones no tenía ningún horizonte de previsibilidad. Un día estaba convencido de volver, al otro moría por mi amor prohibido. Extrañaba las épocas en que tenía algunas certezas. Incapaz de decidir buscaba que alguien me dijera qué hacer.

Pocos meses después de haberme ido de casa mi hermana tuvo un grave accidente automovilístico. Yo que no podía con mi vida tuve que transformarme en el sostén emocional de la familia. Mis padres estaban destruidos y mis sobrinos eran casi huérfanos. ¿Por qué la vida se ensañaba tanto conmigo? Igual, al ver el drama de mi hermana me parecía frívolo quejarme por una simple separación. No me permitía sufrir, como si hubiera jerarquías en el dolor.

Aunque parezca contradictorio, el día en que me fui de casa decidí no sacarme el anillo de casado. Lo hice como una forma de pelearla, de no rendirme. Era el último bastión de la resistencia y no iba a cederlo fácilmente.

Así y todo mis contradicciones no podían ser más grandes. Moría de ganas de estar con mi nuevo amor y gritarlo a los cuatro vientos. También, sufría por abandonar a Sandra y perder el paraíso de mi hogar, en donde estaban mis cuatro angelitos. ¿Por qué la vida hacía estas cosas?

Me hice cargo de mis sobrinos lo mejor que pude, si bien no tenía resto los traje al departamento que alquilaba temporalmente. Los contenía, les decía que su mamá se pondría bien, estudiaba con ellos, les preparaba el desayuno, los llevaba a la escuela. Y aunque los adoraba sufría la ironía del destino de pasar más tiempo con ellos que con mis propios hijos.

Los meses pasaban y el anillo seguía en mi dedo como una presencia incómoda. Aunque percibía que no había vuelta atrás no quería rendirme. Algunos amigos se burlaban:

—¿Qué esperás para sacártelo? Yo me lo hubiera sacado apenas me iba casa. Los casados daríamos cualquier cosa por salir sin anillo y vos que estás soltero seguís llevándolo puesto…

No entienden nada, pensaba. Aunque estaba desbordado por mis emociones deseaba estar con Lisa. Soñaba abrazarla, sentir su piel, mirarnos a los ojos. Pero no podía aceptar el fin de mi familia unida.

Un sábado de invierno mi madre se ofreció a cuidar a los chicos un rato así que salí a caminar para despejarme. Después de andar sin rumbo durante una hora vi una iglesia y sin saber por qué, entré. Se escuchaba el Ave María y aunque hacía frío y había poca luz me sentí contenido.

Quise rezar un Padrenuestro pero no estaba para eso. Como pude le pedí ayuda a Dios, diciéndole que si existía me diera un poco de paz. Sin pensarlo me saqué el anillo y lo observé. Vi la cara interna grabada con el nombre de *Sandra* y la fecha en que nos habíamos casado y se me empezaron a llenar los ojos de lágrimas.

Los recuerdos me torturaban: el día de la boda, cuando se abrieron las puertas de la iglesia y apareció radiante. Nuestra primera vez, en la que después de haber conocido nuestros cuerpos, la luz del amanecer nos había sorprendido mostrándonos lo relativo que podía ser el tiempo. Me acordaba de nuestros suspiros profundos, los largos silencios y los ojos bien abiertos que teníamos esa noche...

Sentado en esa iglesia **era incapaz de comprender que aquello no era una tragedia. Solo me había separado, algo tan frecuente y sin embargo tan doloroso. Que como otras tantas experiencias es más fácil verla en los demás que vivirla. Una cosa es hablar de la muerte y otra distinta es morirse.**

Volvía a mirar el anillo, me acordaba de otras cosas y lloraba. El primer viajecito que hicimos juntos, cuando cerré la puerta del cuarto del hotel por primera vez y nos miramos como dos extraños. Eramos dos adolescentes con miedo a una libertad que recién estábamos descubriendo. Cuando compramos el primer departamento en el que apenas cabíamos. O cuando ella, con su cara iluminada y también con miedo, me contó que estaba embarazada. Cuando nació nuestro primer hijo. Llorando desconsolado me pregunté adónde había ido a parar todo eso. ¿Cómo un amor podía ser causa de tanta destrucción?

Después de veinte minutos fui dejando de llorar. Me sentía en paz aunque vacío. Se me cruzó el pensamiento que sería más realista no volver a ponerme el anillo, y la angustia apareció de nuevo. Aunque entendí que era aceptar la realidad.

Volví a mirar cada una de las seis letras del nombre de mi esposa grabadas en la cara interna de la alianza. Se me dibujó una sonrisa en la cara y me puse a llorar como un chico. Estuve un rato sosteniendo el anillo entre mis dedos porque no quería rendirme.

Sin saberlo era como si hubiera estado velando aquel gran amor. Suspiré profundamente y volví a pensar en aceptar la pérdida. Me acerqué el anillo a la boca, lo besé y se me nubló la vista otra vez. ¿Nunca iba a parar de llorar? Después de unos minutos que parecieron eternos le di un largo beso final, lo guardé en el bolsillo y me fui de la iglesia.

En casa me esperaban mamá y todos los chicos. Pese al infierno que estaban viviendo mis sobrinos, cuando me vieron llegar se les iluminó la cara.

Mientras los abrazaba **pensé que los años compartidos con mi mujer no perdían su valor por haberse terminado. Y más que enojarme porque mi matrimonio se había acabado, tenía que agradecer haberlo vivido.**

Creer que la vida nos debe algo es la mejor forma para perder la paz.

No es posible ser agradecido y sentirse infeliz.

La postal

(El amor nunca surge de una negociación)

Si nos encontramos será maravilloso.
Si no, no tiene remedio.

Fritz Perls

El regalo que le dieron a mi hermano para el día del niño contrastaba con el mío. Mientras él había recibido una pista de autos espectacular, a mí me habían dado un sobre con el dinero para comprarme un modesto autito. ¿Yo qué culpa tenía de que mi madrina fuera jubilada?

—¿Y Hernancito, qué te pareció la pista? —le preguntó Valeria.

Mi hermano estallaba de felicidad y aunque su madrina parecía no advertirlo yo estaba parado al lado. ¿Sería invisible?

Hubo mil situaciones parecidas hasta que en unas vacaciones que estábamos en la playa, frente a unos locales comerciales le dije a mamá:

—Quiero comprar esta postal para mandársela a la tía Valeria.

Mamá me miró sorprendida, tal vez preguntándose de dónde habría salido ese rapto de amor por alguien que vivía ignorándome. Ella era consciente de que su hermana ponía toda su energía en Hernán, comprándole los mejores regalos, armándole programas espectaculares, llevándolo a cuanto show había e invitándolo a viajes de todo tipo.

Mi madrina en cambio, era una tía abuela sin hijos y que quizás por esa razón un conciliábulo familiar me la endosó. Seguramente pensaron más en consolarla a ella que en analizar si era buena o mala para mí. Eran tiempos en los que nadie miraba las necesidades de los chicos, solo las de los adultos. Mi madrina Titi era amorosa pero al ser anciana no podía hacer casi ningún programa ni mucho menos regalarme buenos juguetes. Pobrecita, se limitaba a darme un poco de dinero para mi cumple, Nochebuena, Reyes y el día del niño.

¿Cómo no iba a estar muerto de celos si a mi hermano lo hacían sentir el más importante del universo y yo sentía que no existía? **La varita mágica había tocado al vecino y no había manera de no sentirse un desgraciado. No es fácil estar al lado del que se lleva todas las miradas, todos los mimos, todas las prioridades. Qué difícil debe haber sido la vida para Lalo Maradona.**

Mamá compró la postal en cuestión y yo escribí unas palabras muy cariñosas y la firmé. Traté de ocupar todo el espacio para que mi hermano no pudiera poner ni una coma.

—Vamos a llevársela a Hernán así también la firma —dijo mamá.

—No quiero —le dije poniéndome firme.

No sé bien qué cara habré puesto pero fui lo suficientemente claro para que entendiera el mensaje.

Algo contrariada la pagó y la despachamos.

Las vacaciones siguieron y yo estaba entusiasmadísimo, como alguien que planta un árbol o espera el nacimiento de un hijo. Con mis siete años estaba convencido de que si le mandaba la postal a Valeria yo solo, sin palabras de Hernán, aparecería en su radar, marcaría una diferencia. Confiaba en que al volver daría vuelta esa historia de invisibilidad. Tal vez tendría que haber mandado postales a mi padre que nunca venía a verme jugar al fútbol; a mamá, que desbordada por su trabajo no tenía energías para mí; o a mis abuelos que tenían predilección por su primer nieto. Todo un presupuesto en postales. Mejor empezar por la intensa madrina de mi hermano.

Volvimos de las vacaciones y yo estaba ilusionado con el primer almuerzo familiar de los domingos. Quería ver cómo Valeria reaccionaba a mi jugada. Llegó el día y al entrar a la casa de mis abuelos, ella abrazó a su ahijadito adorado con la efusividad de siempre. Yo esperaba mi turno confiado. Cuando terminó con Hernán me agarró de las manos y mirándome a los ojos, con ternura me dijo:

—Muchas gracias por la postal, es hermosa.

Me dio un beso y siguió saludando a los demás familiares.

¿Eso fue todo? No puede ser, pensé para mis adentros. Debe haber un error. Ya va a reaccionar. Seguramente en un rato o en unos días veré los frutos de lo que hice. En las vacaciones mi hermano ni se acordó de ella y yo en cambio le mandé una postal divina.

Pasaron los días, las semanas, los meses. Los domingos siguieron iguales que antes. No pasó nada, no cambió nada. La postal había llegado pero su mensaje no.

Con el tiempo pude ver ese episodio con una perspectiva más amplia. Mi tía Valeria fue incapaz de percibir a un chico reclamando afecto. Que para colmo no estaba en África sino al lado suyo. Una pobre mujer.

A su vez pienso que, **sin proponérselo**, Valeria **me cuidó de algo muy peligroso: la idea de que el amor es algo a merecer.** Su miopía no le permitió verme pero, **¿y si me hubiera premiado por lo que hice? Habría reforzado mi errónea creencia de que el amor es algo que conseguimos cuando nos portamos bien, cuando hacemos las cosas que los demás pretenden.**

Tuve suerte.

Al igual que en otras situaciones en las que pensaba que la vida me negaba cosas, en realidad me estaba cuidando.

En los parques acuáticos premian a las focas que hacen piruetas. Muchos de nuestros vínculos tienen la misma dinámica: hacemos lo que el otro quiere para que nos den nuestro "pescadito" (amor), y exigimos piruetas a los demás para premiarlos con nuestro "amor". ¿Amor?

No hace falta que empujes el río
(Para los que no pueden parar)

Siempre descalifiqué a las personas que gastan dinero en entrenadores personales porque me parecía una estupidez. Deportistas fracasados haciéndose los importantes frente a gente débil. ¿Para qué necesitás que te digan algo que ya sabés?

Un empresario amigo que vivía remándola contra la gordura un día me dijo:

—Al personal trainer le pago para que me toque el timbre.

Lo miré sin entender.

—Viene a casa, toca el timbre, me despierta y como me da tanta vergüenza decirle que se vaya, aunque puteo y juro que lo voy a suspender ese mismo día, al final salgo y entreno. Y después estoy contento porque haber hecho ejercicio me hizo bien.

Me había mudado a un complejo con piscina por lo que empecé a nadar con regularidad. El guardavida era un gordo con cara de malo más bueno que Lazzie. Usaba un slip rojo que no alcanzaba a contenerle la panza, y tenía piernas y brazos musculosos de algún pasado mejor. El hombre se ganaba el pan de cada día aguantándose a mil principiantes y entrenando a unos pocos nadadores. *¿Para qué lo contratarán los que nadan bien?*, me preguntaba. *¡Qué ganas de tirar el dinero!*

Después de estar un año nadando frente a su discreta mirada un día me dijo:

—Podrías nadar con menos esfuerzo...

Lo miré con displicencia, convencido de que era una trampa para tener un nuevo cliente. Así y todo, charlamos unos minutos y al final le propuse que me diera una clase para sacármelo de encima. Aunque no quería ser uno de los inútiles que necesitaban un entrenador personal, en los pocos minutos que hablamos Miguel había dicho un par de cosas interesantes.

—Hacete veinte largos para entrar en calor.

¿Veinte largos para entrar en calor? Qué manera de que me roben el dinero, pensé. ¿Qué estoy haciendo pagándole a este gordo para que me haga perder la cuarta parte del tiempo que voy a estar acá? *Qué fácil que ganan la plata algunos.*

Cuando terminé la larguísima entrada en calor lo miré esperando alguna indicación que aportara algo.

—¿Por qué le pegás tanto al agua? ¿Te hizo algo malo?

Su comentario me fastidió un poco, aunque algo de verdad tenía.

—No necesitás hacer tanto esfuerzo, ni golpear el agua... Esto es otra cosa. Se trata de deslizarse, de fluir.

Esas palabras me interpelaron. **Aunque él estaba hablando de natación no pude dejar de hacer un paralelismo con mi vida. Vivía empujando, esforzándome, peleando con la** realidad. ¿Fluir? No era para mí. A mí me había tocado remar y gracias a todo lo que hacía salía adelante.

—¿Y por qué nadás tan apurado?

Lo miré sorprendido, como si el gordito conociera rasgos de mi personalidad con los que yo lidiaba desde siempre.

—¿Sabés lo que es una variable estratégica? —le dije con aires de superioridad—. Un elemento que lo condiciona todo. Todo se supedita a eso.

Miguel me miraba con paciencia.

—Nado dos mil metros, tres veces por semana, en una hora. Esa frecuencia e intensidad me ayudan a mantenerme flaco y sano.

Él me miraba con ternura como si estuviera diciendo una estupidez.

—¿Y no te gustaría nadar mejor? Podrías hacer lo mismo con menos esfuerzo.

Me pregunté si eso me interesaba. Yo nadaba para estar bien y evitar que el paso del tiempo me anquilosara. Nadar mejor no era una preocupación, aunque con el tiempo descubriría que no me interesaba porque no tenía ni idea de lo mal que nadaba. Ningún hediondo se huele a sí mismo.

—Cuando terminás de hacer la brazada tenés que relajar el brazo. Como un resorte al que no hay que forzar para que vuelva a su posición original. Vos lo traés tenso, haciendo fuerza. No descansa nunca.

Cada uno de sus comentarios era como una estocada que daba en el blanco. ¿Cómo era posible que fueran las mismas observaciones que me habían hecho en otras disciplinas muy distintas?

—Estás todo el tiempo haciendo fuerza y acá hay un momento para tensionar y otro para relajar. *Todo tiene su tiempo bajo el sol.*

Esa frase bíblica **no era para mí, yo no tenía un tiempo para todo. En cualquier orden de la vida mi único tiempo era esforzarme. Si no lo hacía me hundía. No tenía ni idea de lo que era flotar y mucho menos fluir.**

—A tu brazada también le falta profundidad. Como la hacés muy rápido no llegás a agarrar bien el agua y termina siendo superficial.

A estas alturas de la clase al gordo lo amaba y odiaba por igual. ¿Cómo era capaz de identificar mis características esenciales en media hora? Me sentía desnudo, expuesto. Las armaduras que usaba habitualmente para esconder mis vulnerabilidades parecían no servir de nada ante su aguda mirada.

—Si querés avanzar más vas a tener que meter tu brazo más hondo y agarrar bien el agua. Pero eso no se puede hacer apurado. Braceá más lento y más a fondo, y aunque no lo creas vas a ir más rápido. Ahora solo generás un inmovilismo frenético. Te movés y desgastás mucho para avanzar poco. Como si no fueras dueño de tu propio ritmo sino que te manejan tus impulsos. Para poder ir rápido hay que ser capaz de ir despacio o incluso parar.

Sus palabras no podían ser más ciertas.

Seguí nadando como pude, bastante confundido. Después de varios largos más y viendo que seguía acelerado, Miguel me hizo una pregunta subversiva.

—¿Te gusta nadar?

¿Qué carajo era eso? Yo nadaba porque me hacía bien,

no porque me gustara. En mi vida no tenía mucho lugar para el romanticismo, hacía lo que había que hacer y punto.

Lo miré con cara de fastidio.

—**Es que te perdés lo mejor** —dijo meneando la cabeza—. **Siempre apurado, siempre empujando. Si todo es una obligación, la vida es una desgracia. Terminás pareciéndote a esos hámsters que corren frenéticamente en esa ruedita y siempre están en el mismo lugar.**

Durante un tiempo siguió enseñándome muchas cosas, todas relacionadas con mi personalidad. Por ejemplo, que cada vez que estaba por terminar la clase nadaba mejor. Y no porque hubiera aprendido algo nuevo sino porque **el cansancio hacía que bajara la guardia, me relajara y las cosas fluyeran. Mientras me creía a cargo, como artífice de mi técnica y de mi destino, todo salía peor. Cuando dejaba de controlar, todo mejoraba.** Buena paradoja.

Pienso que me resulta difícil fluir porque me pasé la vida empujando. Y sin quererlo se convirtió en mi estilo de vida.

¿Podré relajarme alguna vez?

El gordo me anima explicándome que las personas que no saben nadar no se ahogan por no saber, sino por los esfuerzos que hacen para salvarse. Y que si aún en medio de esa angustia pudieran relajarse, flotarían.

El esfuerzo es mejor dejarlo para los constipados.[7]

---

7 Jorge Bucay.

El comisario
(Esclavos de nuestras carencias)

Mi secretaria dejó el sumario sobre el escritorio y me avisó que el comisario Gómez ya estaba en la sala de espera. Miré por arriba algunas hojas y lo cerré, no hacía falta leer mucho. Una camioneta Porsche, un BMW, un Mercedez Benz y una Grand Cherokee; una casa de 700 metros cuadrados con piscina, hidromasaje, sauna y cancha de tenis; una Harley Davidson y una Ducatti; un yate de 23 metros con dos motos de agua; varios departamentos de distintos tamaños; dos locales comerciales. ¿Cómo podía tener tantos bienes con veinte años de un sueldo magro, que es todo lo que ofrece una carrera policial?

—Hágalo pasar.

—Buenos días, ministro —se presentó.

Le hice un gesto para que se sentara y le entregué su legajo. Gómez no estaba interesado en leer nada. ¿O sería analfabeto? Levanté mis cejas, pidiéndole alguna explicación. Como no decía ni una palabra ensayé un planteo:

—Honestamente no lo entiendo. No solo me sorprende el patrimonio impresionante que tiene, sino el hecho de que todos los bienes estén a su nombre. Por más lenta que sea la Justicia, ¿nunca pensó que algún día lo iban a agarrar?

Gómez me miraba sin que se le moviera un músculo de la cara. Aparentemente no tenía nada para decir. ¿No le importaría ser exonerado de la Fuerza e ir preso varios años? Seguía gélido, con una mirada asesina.

—No entiendo como no pudo parar, darse cuenta de que semejante desmesura traería consecuencias. ¿Ni siquiera se le ocurrió poner algunos bienes a nombre de otro? —lo provoqué tratando de comprender algo la impunidad con la que se había manejado.

Como seguía sin decir nada y no parecía interesado en escucharme, di por terminada la reunión poniéndome de pie. Recién ahí se dignó hablar.

—¿Y usted cómo me va a entender? Si nació en una cuna de oro… ¿Sabe lo que es vivir con ocho hermanos en un cuarto con piso de tierra y goteras? ¿Tener un padre alcohólico, golpeador, que después nos abandona? ¿Ver la mirada de mi madre cuando nos mentía diciendo que no tenía hambre, así podía dejarnos a nosotros ese caldo inmundo? ¿Tolerar que su pareja se cogiera a mis hermanas y ella no hiciera nada por miedo a que la matara y porque dependíamos de ese hijo de puta para comer algo? ¿Cómo va a entenderme?

Me sentí como un chico al que retan en la escuela. Tanto dolor, tanta ira, ¿cómo no iban a tener consecuencias catastróficas? De todas formas, seguía sin entender cómo alguien que había sobrevivido a tantas dificultades era incapaz de tomar algunos recaudos para no terminar así. ¿Cómo no había podido prever y evitar este final?

—Sabía que esto me iba a pasar algún día pero ustedes me marcaron el camino —dijo con una sonrisa cínica—. Por eso nunca me preocupé demasiado, cuando llegara el momento iba a contratar al mejor abogado. Y de última, si no fuera posible comprar al juez, me comería entre seis meses y dos años en cana. No es tan grave. Lo grave es no tener dinero. No quiero que mi familia sufra lo que viví en la infancia. Vi a tantos políticos, empresarios, sindicalistas, periodistas, que robaron diez, cien, o hasta mil veces más que yo, que en cierto sentido fueron mi inspiración. Ser pobre es mucho peor que estar preso; le diría que es peor que estar muerto, aunque usted tampoco lo comprenda.

Ante mi perplejidad, Gómez se paró y se fue. Me quedé pensando en la infancia de ese hombre. Yo había tenido mis problemas porque en el colegio todos se burlaban de mí. Usaba anteojos, no era bueno en los deportes y muy tímido con las chicas. Pero ¿qué era el bullying que había sufrido comparado con el drama que acababa de escuchar?

El tiempo fue pasando y el gobierno del que yo formaba parte, desconectándose de los ciudadanos y de la realidad. Habíamos venido a transformar el país y ahora solo trabajábamos para que nuestro presidente se quedara a vivir en el poder. Aunque me daba cuenta de que éramos un desastre no me animaba a renunciar. Tenía pánico de dejar de ser un ministro: antes muerto que en el llano. Necesitaba seguir siendo importante, aparecer en las noticias, tener chofer, decidir sobre cuestiones clave.

En menos de dos años, mi mujer se cansó de mi locura y me echó de casa. Poco tiempo después, la sociedad también se hartó de nosotros y nos despachó del gobierno con un aluvión de votos opositores. Yo que me aferraba al cargo para no volverme irrelevante terminé perdiéndolo todo, sin siquiera salvar mi dignidad.

Un día, tomando un whisky en un bar del centro, vi entrar al comisario. Estaba bien vestido, aunque muy desmejorado. Evidentemente el par de años que habría pasado en la cárcel habían sido más duros que su previsión. Pero ya estaba libre, dos años preso a cambio de la fortuna que había robado no parecía una mala ecuación. En el fondo, había cumplido su objetivo.

Tuve ganas de cruzar unas palabras con él así que me paré y fui a saludarlo.

—¿Cómo le va Gómez?

Me reconoció en el acto y me miró con desconfianza.

—Finalmente lo comprendí... —dije tratando de romper el hielo.

Al igual que cuando estaba en mi despacho, conversar fue imposible. Su mirada seguía siendo fría, aunque quizás menos intimidante. Después de unos instantes lo saludé con un gesto, pagué la cuenta y me fui.

Fue una pena que no pudiera contarle que éramos parecidos: solo teníamos distintas pulsiones. Pulsiones que durante muchos años había reprimido, cuestionado, intentado controlar. Todo al pedo, porque seguían ahí, agazapadas e intactas. Él no quería volver a ser pobre y yo necesitaba demostrarle a todo el mundo que no era un boludo. Y al igual que él, **pre-**

fería ir preso, ser despedido, divorciarme, o cualquier cosa antes que volver a ese lugar en el que alguna vez me había sentido tan vulnerable.

Los mismos mecanismos que en algún momento nos ayudaron a sobrevivir, son los que terminan arruinándonos la vida.

Abusada
(Silencios que después de décadas empiezan a gritar)

Mi pasado ha comenzado
a emerger y no lo puedo parar.

Bob Berger

Me había pasado treinta años escapándome de mí misma. Tantos años dando vueltas, mirando para otro lado, haciendo como si nada hubiera pasado. ¿Por qué no enfrentaba esa oscuridad de una vez por todas? Sentía la necesidad de hacer lo que había que hacer, y a su vez tenía pánico de hacerlo. Toda una encrucijada. Había hecho varias terapias sin siquiera poder balbucear lo único que me importaba.

Mi vida era una lucha diaria: criar a un hijo prácticamente sola y trabajar duro para pagar las cuentas. No veía ninguna posibilidad de proyectarme ni de hacer una mínima diferencia, solo seguir remando.

El nacimiento de Mateo había sido inesperado. Si bien con Alfredo teníamos una relación bastante consolidada, un hijo no estaba en los planes. La vida nos sorprendió y después de una noche de deliberaciones decidimos tenerlo. En ese mismo instante empezamos a amarlo sin dimensionar lo que ese ser cambiaría nuestras vidas. **Yo, que apenas podía con mi existencia, tendría que hacerme cargo de otra persona. Justo yo, que vivía sin aceptar nada de los demás para no tener que ofrecer nada. Odiaba recibir, porque después me sentía presionada a tener que devolver.**

Nuestra pareja funcionaba aceptablemente bien hasta que después de algunos años Alfredo tomó la decisión de separarse. No había terceros sino su frecuente reclamo de que no sabía con quién estaba. Aunque llevábamos años juntos me decía que yo era inaccesible. Hasta cuando cogíamos me preguntaba infinitas veces si había acabado, porque él no llegaba a percibirme.

Después del terremoto de la separación me tomó algunos años estabilizarme. Arrancar temprano todas las mañanas, preparar el desayuno, despertar y vestir a Mateo, dejarlo en la escuela para recién entonces empezar el largo día de trabajo. Pelear diez horas en la jungla, volver a casa agotada y encontrarme con un hijo que demandaba. Lo contenía con el poco resto emocional que me quedaba, a veces mejor otras no tanto. Después de darle de cenar y dormirlo, finalmente tenía un rato de paz.

El hecho de que Mateo me mintiera seguido me llevó a hacerme varias preguntas y fue mi amigo Diego el que insistió en que viera a una terapeuta. Pese a tener fiaca de empezar otra terapia —y también miedo por lo que pudiera surgir—, algo me llevó a hacerla.

Después de unos meses intensos fui a tomarme unos vinos con Diego.

—Estoy en medio de una crisis muy grande —me sorprendí confesándole—. Tanto me hinchaste para que fuera a ver a esa especialista que te hice caso. Fue abrir la Caja de Pandora. Se ve que por eso no quería ir. **Décadas tapando dolores, tratando de controlarlos, de que no jodan, y vos queriendo que abra el sótano, ventile y limpie. Una vez que el dentífrico se sale del pomo, ¿quién mierda lo vuelve a poner adentro?**

—Con los años se nos vuelve cada vez más caro seguir obturando ese pomo, ¿no? ¿Me querés contar algo de ese dentífrico que salió?

—**A los nueve años fui abusada. Estuve más de treinta años guardándomelo** —me despaché después de tomar un buen trago—. **Era tal el dolor que no podía abordarlo, ni mucho menos ponerle palabras. Estaba convencida de que si lo ignoraba, si hacía como si no existiera, desaparecería. Pero el hijo de puta sigue ahí, agazapado, esperando el momento oportuno para torturarme.** Mi tío me abusó dos meses seguidos durante un verano.

—No lo pudiste hablar con tus padres...

—¿Hablar? Durante veinte años no fui capaz ni de balbucear el nombre de mi tío abusador. Y en casa no había margen, no se hablaba de emociones, mucho menos de una barbaridad así. Él era el cuñado de mamá, si se lo contaba se moría.

—¿Y tu padre?

—Con papá hubiera sido peor porque además de concuñado era su mejor amigo. Te juro que tenía miedo de que si se enteraba lo fuera a matar. Literalmente.

El dolor guardado tantos años estaba saliendo como si me hubieran abusado ayer. No lo había podido expresar en casa, ni en años de terapia, y tampoco con mis parejas.

—¿Llegaste a hablarlo con Alfredo?

—Sobre el final... Él, que tiene el don de la palabra, vivía intentando que yo me expresara. Decía que no me conocía, que no sabía con quién estaba, ni qué cosas me pasaban por dentro... Perdida por perdida me abrí, pensando que tal vez era eso lo que me distanciaba de él y de todos los hombres. Pero ya era demasiado tarde.

Diego percibió mi dolor y quizás algunas de sus implicancias. ¿Habrá imaginado también la frustración de Alfredo, estando en pareja con alguien a quien nunca podía acceder del todo? Es que **conocer el alma de una persona es mucho más difícil que hacerle sexo oral. Desnudar nuestra alma es infinitamente más complejo que desnudar nuestro cuerpo.** ¿Cómo no voy a entender que después de años de desconexión él decidiera tomar otro camino? Aunque también me pregunto si algo parecido no les pasará a todos. **¿Quién conoce realmente a su pareja? Si somos como icebergs, que solo mostramos una pequeña parte de quienes somos en verdad... ¿Cómo es posible que sea más fácil enamorarse, convivir, tener hijos, que exponer al otro nuestras vulnerabilidades?**

Venía a mi mente la imagen de esa chica de nueve años, abusada diariamente durante las vacaciones. Incapaz de volver a su casa y ponerse a llorar durante un día entero, o un mes, o un año delante de sus padres. Tanto dolor sin poder expresarse ni en el círculo más íntimo. Como para que después los seres humanos no nos volvamos grandes actores.

—¿Tu tío vive?

—Por suerte se murió hace unos años.

—¿Pudiste perdonarlo?

—No. Cuando falleció todos estaban destruidos porque se había muerto alguien tan bueno que solo tenía el "problemita" de ser alcohólico. Y yo estaba feliz de la vida. ¡Qué hijo de puta!

—¿Pensaste en hablarlo ahora con tus padres?

—Mi madre sigue sin tolerar que hablemos de lo mal que la pasé en el colegio al que me mandó durante doce años y al que le rogué infinidad de veces que me cambiara. Es el día de hoy que cuando sale el tema terminamos peleando. Imaginate si voy a poder contarle que el marido de su hermanita preferida me abusó cincuenta veces, no ganaría nada y les arruinaría la vida.

¿Cómo podría tener una relación profunda con mis padres si no se habían enterado de uno de los hechos más terribles de mi vida? Peor aún, no tenían margen de tolerar la verdad treinta años después. ¿Qué tipo de relación era? La que se puede, me contesté. Como con todos los seres humanos.

—Me pasé la vida mintiendo sobre lo que sentía, por eso cualquier mentira me desgarra. Viví fingiendo una alegría que no tuve. En las reuniones familiares tenía que saludar con naturalidad a un enfermo que me había abusado y sonreír, aunque lo tuviera al lado, acechante, mientras los que supuestamente tenían que cuidarme no se enteraban de nada.

Después de un largo silencio, Diego me abrazó fuerte. Cuando se fue de casa me quedé pensativa. ¿Había hecho lo correcto al meterme en mis propias catacumbas?

El abusador había muerto sin que nadie supiera lo que hizo. Yo seguía sin poder hablar del tema con mis padres y difícilmente pudiera hacerlo alguna vez. A mi pareja ya la había perdido y no tenía sentido rescatar lo que nunca había existido del todo.

Había hecho lo peor que puede hacer una víctima: tratar de convencerse de que no había pasado nada.

Era hora de empezar a desandar ese camino.

Hay dolores tan intensos que si nos hubiéramos permitido sentirlos, no habríamos sobrevivido.

La boda
(Descubrir la verdadera felicidad lleva años)

Efímera es la gloria, ¿para qué dedicarle la vida?

LI TAI PO

Durante años estuve convencida de que mi boda había sido el día más feliz de mi vida. Ni el hecho de haberme separado cambiaba la perspectiva de todas las cosas increíbles que había vivido entonces.

Ya en las horas previas me sentía una reina: la manicura trabajando para que mis manos y pies estuvieran perfectos. La modista ajustándome el vestido que era soñado. El estilista y la maquilladora produciéndome como si fuera a recibir el Oscar. El fotógrafo, haciendo su trabajo en medio de tantas personas que solo se ocupaban de mí. Un descapotable esperándome para llevarme a la iglesia...

En la entrada a la basílica casi me muero de miedo y emoción: tomada de la mano de papá escuché las trompetas y al abrirse los pórticos vi a una multitud clavándome las miradas. Un coro con voz de ángeles cantaba el Ave María y mi futuro marido me esperaba en la otra punta de la alfombra roja con los ojos llenos de lágrimas. La ceremonia fue hermosa y cuando terminó, todos nos abrazaban, nos decían cosas divinas al oído, querían estar cerquita nuestro.

La fiesta también fue increíble. Apenas llegamos la música empezó a sonar al máximo y todos aplaudían, gritaban, se volvían locos. Después de bailar y saltar un buen rato, nos fuimos a comer algo mientras la gente hacía fila para hablar con nosotros, para sacarse alguna foto.

Bailé el vals con papá, con mi marido, y seguimos a full toda la noche. Al amanecer nos fuimos a desayunar con los íntimos y después de unos abrazos eternos nos dejaron en el hotel. Dormimos pocas horas y salimos para nuestra luna de miel en Río.

Diez años y muchas experiencias después seguía convencida de que ese había sido uno de los mejores momentos de mi vida. Pero a los cuarenta y algo me animé a meterme con esa vaca sagrada. Aunque percibía que había sido un día muy especial, me pregunté si acaso eso era la felicidad. El disparador fue darme cuenta de que la mayoría de las personas que me habían abrazado y sonreído, en realidad no representaban nada para mí.

Claro, esa noche y por un rato, se había cumplido el sueño de mi vida: ser el centro atención, que todos me miraran, me quisieran, me admiraran.

Entendí por qué las estrellas tienen tantos problemas con las drogas y el alcohol y hasta terminan suicidándose.

Si están llenas de momentos parecidos al de mi boda, ¿cómo bajarse de ese tren y volver a ser normales? ¿Cómo seguir con la vida cuando el reloj marca las doce y la Cenicienta tiene que regresar a la realidad? Para peor a ella la van a buscar, la encuentran y rescatan. En nuestra vida común nadie nos busca y mucho menos nos rescata. Tenemos que seguir viviendo esta vida, no la de los sueños.

Pensé en los líderes políticos y en su imposibilidad de retirarse. Esa necesidad de ser siempre el centro de la escena. Por eso la historia suele ser cruel y con frecuencia los echa por la puerta trasera. Igual, comprendo su adicción, ¿quién no quiere vivir permanentemente en un estado como el de la noche de bodas? Pero qué caro es el precio de tener esa vida: aguantarse todas las miserias humanas, solo para disfrutar unos instantes de un falso paraíso.

Vinieron a mi mente tantas celebridades preocupadas por sus figuras, por estar flacas, jóvenes, como si le pudieran ganar al tiempo. El esfuerzo que hacen por tener alguna alfombra roja que pisar, incapaces de ver los enormes costos que pagan por ese reconocimiento.

Tantos años creí que el día más feliz de mi vida había sido el que fui el centro del universo. Y eso era lo que seguía buscando, convencida de que se trataba de la felicidad. Hoy sé que no pasa por ahí, que no necesito tanta parafernalia ni adrenalina.

Hablar a corazón abierto con una amiga, tapar a mis hijos mientras duermen, oler mi cafecito en un bar cualquiera o abrazar sin ropa a mi pareja son algunas de las

cosas que me dan verdadera alegría. Es algo más simple y sin embargo más profundo.

Mi corazón descubrió que **el reconocimiento no tiene mucho para ofrecer.** En el fondo, **no es más que un pobre sustituto del amor.**

La verdadera plenitud solo existe en el encuentro con el otro.

Nos pasamos la vida subiendo una escalera para darnos cuenta, cuando llegamos arriba de todo, de que estaba apoyada en la pared equivocada.[8]

La felicidad es una relación con uno mismo y con los demás.

---

8 Anthony de Mello.

Sarasota
(Adictos a las ilusiones)

Pedí un trago para aflojarme porque estaba a punto de tocar el cielo con las manos y era demasiada tensión. Había viajado desde la otra punta de Estados Unidos para encontrarme con mi escritor favorito en un encantador restaurante llamado Wild Flower. Obviamente llegué con tiempo y elegí una mesa desde la cual pudiera ver bien la puerta, por lo que cada persona que entraba era una falsa alarma que me paraba el corazón.

Un hombre atlético y de piel bronceada entró, y después de pegar un vistazo general se dirigió a mi mesa como si me conociera. Aunque no se parecía al de las fotos me saludó con calidez y se sentó. Su sencillez contrastaba con el hecho de que fuera el autor de varios best sellers mundiales.

La conversación fue apasionante; me contó su vida, incluyendo su traumática experiencia en la guerra de Vietnam. Después de dos horas que para mí fueron una fiesta se ofreció a acercarme al aeropuerto para que yo continuara con mi viaje.

Subimos a un Porsche negro y mientras atravesábamos una ruta arbolada me explicó que se había mudado a Sarasota en busca del calor y el mar. Cuando pasábamos por Siesta Key —después supe que era considerada la playa más linda de Estados Unidos—, señaló una casa a su derecha. Si algo me faltaba para quedar más fascinado con él fue ver la mansión en la que vivía, tenía un estilo minimalista y estaba en el medio de un bosque que terminaba en la playa.

Imaginé lo que sería vivir en un palacio rodeado por árboles centenarios, escribir mirando al mar, llevar una vida sin presiones ni problemas. Yo hacía meses que venía viajando para averiguar qué quería hacer con mi vida. Me había recibido un año atrás y me negaba a buscar un empleo. No quería tener un trabajo formal al que tuviera que ir de traje, ni cumplir horarios o aguantar a un jefe. ¿Para qué había estudiado lo que estudié? ¿Para qué me había apurado tanto en recibirme? Ver la vida de este señor me conectó con una antigua pasión y me sirvió como salida al laberinto en el que me encontraba: yo también iba a ser escritor.

Durante el tiempo que me quedaba de viaje me puse a trabajar en la estructura de mi primer libro. A llegar a Buenos Aires conseguí interesar a una gran editorial para que lo publicara. Todo parecía ir viento en popa salvo por el detalle de que mis borradores no me convencían. Me sentía frustrado de no ser capaz de expresar lo que tenía adentro mío. Igual, seguí trabajando como si nada, las dificultades no me iban a frenar.

Pocos meses después tuve que volver a Estados Unidos así que aproveché para pedirle una nueva entrevista al escritor. Quería contarle que había sido mi fuente de inspiración, además de mostrarle cómo era la estructura del libro y quizás confesarle que estaba un poco trabado. Repetimos en el Wild Flower aunque esta vez el almuerzo no fue tan lindo. ¿Le habré resultado un pesado y solo aceptó por compromiso? Cuando terminamos de comer me dio la mano, subió a su Porsche y se fue sin siquiera preguntarme adónde iba.

Como tenía un par de horas libres antes de volver al aeropuerto aproveché para pasear por Siesta Key. Definitivamente era mi lugar en el mundo: playas grandes y de arenas blancas, un mar calmo y celeste, sus bosques hermosos. Sentí que acá podría ser libre, vivir tranquilo, hacer lo que quisiera.

De vuelta en casa todo seguía complicándose: nada de lo que escribía me gustaba y seguía sin poder avanzar. El tiempo pasaba y el plan de ser un escritor y vivir en Sarasota a orillas del mar, hacía agua por todos lados.

Aunque entonces no me daba cuenta, la raíz del problema parecía ser la presión que me imponía a mí mismo. O para ser más preciso, haberme planteado un objetivo delirante. En el fondo sabía que si mi primer libro no se convertía en un best seller no habría mansión, Porsche, libertad, y mucho menos una vida tranquila. Solo sería un hombre común, de esos que tienen un trabajo que no les gusta, que alquilan un departamento contrafrente y llevan una vida en la que no pasa demasiado.

Pasé otro semestre empantanado en donde cada día me hundía un poco más al ver el contraste entre mis expectativas y la realidad. Finalmente me volví loco, rompí todos los borradores que tenía y me puse a buscar un trabajo. No podía seguir otro año parado y sin generar ingresos. Mis ilusiones se habían hecho añicos contra la realidad. Y no era que mi libro no había alcanzado el primer puesto del *New York Times*: ni siquiera había llegado a publicarlo porque mi propia negatividad me fue destruyendo durante el camino.

Los años fueron pasando y por suerte me fue bien en el trabajo. Pero **Sarasota seguía en mi corazón como un amor de juventud: era mi lugar en el mundo, en donde podría ser yo mismo, vivir en paz. Ahí todo estaría lleno de sentido.**

Diez años después surgió la oportunidad de volver mientras estábamos de vacaciones con mi familia. Todos estaban fascinados con sus playas de arena blanca salvo yo, que me sentía en carne viva y sin entender el por qué. Llamé un par de veces al escritor con la esperanza de combinar un encuentro pero como nunca contestó tomé la decisión de ir a verlo. Manejé hasta su mansión y lleno de dudas paré en la entrada. ¿Seguirá viviendo acá? ¿Habría escuchado mis mensajes o sería que no tiene ganas de verme? Mis miedos me ganaron y no me animé a tocar el timbre. Seguí el viaje un poco frustrado, aunque convencido de que en ese lugar algún día sería feliz.

Muchos años después tuve que volver a Sarasota por razones laborales. En la única tarde libre que tenía manejé hasta la casa del escritor como atraído por un imán. Cuando iba a tocar el timbre nuevamente sentí miedo. Para no quedarme paralizado opté por bordear la mansión y ver si lo podría saludar desde la playa.

Crucé el bosque a paso rápido y al llegar al otro lado se me heló la sangre: no había océano sino un pequeño canal de agua. La vista seguía siendo hermosa porque había un arroyo con una vegetación exuberante. ¿Pero dónde quedaba la imponente vista que había imaginado? ¿O sea que él no escribía mirando al mar sino a un modesto riacho?

Me di vuelta y vi el frente de la casa muy decaído. Como tenía el pasto descuidado y las reposeras deshilachadas me pregunté si estaría abandonada. Pero como el agua de la piscina estaba impecable y el filtro prendido descarté la idea. Con el corazón a ciento ochenta pulsaciones decidí jugarme el todo por el todo: basta de dar vueltas, de buscar excusas para no hacer lo único que tenía que hacer. Atravesé el bosque en dirección contraria y fui hasta la puerta en donde volví a sorprenderme: un cartel manuscrito avisaba que el timbre estaba roto. ¿Era posible que el escritor millonario no tuviera dinero para arreglarlo? ¿O para cortar el césped o cambiar la tela de las reposeras?

Golpeé la puerta y esperé. Como nadie respondió volví a golpear con insistencia hasta que alguien pegó un grito. Desde unos ventanales vi a un hombre mayor y excedido de peso bajar las escaleras con dificultad. Abrió la puerta y de muy mal humor me preguntó qué quería.

Le conté que nos conocíamos de muchos años atrás, que habíamos almorzado un par de veces en el Wild Flower. Viendo que seguía inmutable decidí jugarme la gran carta y recordarle que nos había presentado su mentor. Como era evidente que no tenía ganas de hablar conmigo intenté —como un vendedor de Tupper— sostener un monólogo precario para que no me cerrara la puerta en la cara. No lo logré y me despachó con una mueca sarcástica.

Mientras volvía al auto y en medio de aquél bosque tenía sentimientos encontrados. Por un lado, estaba contento de haber tocado el timbre. ¿Por qué había tardado tanto tiempo en animarme?

Por otra parte, me preguntaba cómo habría llegado a esta vejez ajada, ¿tan mal lo había tratado la vida? Si bien envejecer es inevitable, ¿qué le habría pasado a aquél tipo alegre y lleno de energía para transformarse en este ser abandonado? Mi idea de que tenía una vida sin problemas no podía estar más alejada de la realidad. ¿Estaría deprimido? ¿O no arreglaba el timbre de su palacio solo porque le faltaba dinero? Y si el problema era ese, ¿por qué no se mudaba a una casa menos costosa, más acorde a sus posibilidades actuales?

Cuando lo conocí, aunque llevaba diez años desde la publicación de su gran best seller, seguía en la cresta de la ola. Ahora, veinte años más tarde, todo parecía haberse extinguido.

Manejando por esa ruta llena de árboles sentí desasosiego. ¿Dónde quedaba mi sueño de tener una vida idílica en Sarasota? Su casa ni siquiera daba a la playa, así que mal podía escribir mirando al mar como yo había imaginado tantos años. Era todo un delirio mío.

Las veces que me habré sentido un infeliz al compararme con otras vidas que idealizaba, que imaginaba maravillosas, y que como la de este señor, **en realidad no lo eran.**

Evidentemente el problema no era Sarasota que seguía siendo hermosa. El tema eran mis fantasías, la idea de que siendo como aquel escritor tendría una vida maravillosa más que anhelo era un disparate.

¿Cómo pude haber pasado tanto tiempo fantaseando con algo que tenía la solidez de un castillo de cartas? ¿Para qué necesitaba esa ilusión? ¿Para evadirme de mi realidad? ¿Para hacer más llevadera mi vida? ¿Para seguir creyendo que algún día me pasaría algo interesante?

Finalmente entendí que era mejor amigarme con mi vida tal como era. Y que todos mis intentos por escaparme del dolor, terminaban generando más dolor.[9]

Un pez joven se cruzó con un tiburón.

—¿Me podría decir dónde queda el océano?

Sorprendido por la pregunta, el tiburón miró a su alrededor como señalándole que era esa infinita masa de agua que los rodeaba.

Decepcionado, el pez sacudió la cabeza y continuó su búsqueda, convencido de que eso no era el océano.

Como en el cuento de *Las mil y una noches*, necesitamos llegar al otro lado del mundo para descubrir que el tesoro que tanto buscábamos estaba enterrado en el jardín de nuestra casa.

---

9 Libro tibetano de la vida y la muerte.

El simulador
(El problema de no querer correr riesgos)

*Hay una sola cosa que vuelve a un
sueño imposible: el miedo a fracasar.*

PAULO COELHO

Me gusta jugar al rugby porque es un deporte de fuertes
y yo sueño con ser un Puma.[10] Mis padres me llevan a los entrenamientos y aunque no me lo dicen sé que tienen miedo:
piensan que es de brutos. Temen que me golpee, me fracture
o que quede en una silla de ruedas. Y aunque tampoco me lo
cuentan sé que les encantaría que fuera un gran deportista.
Yo hago como que nada de eso me importa pero en el fondo
me importa.

Mamá quiere que tenga disciplina, que sepa que sin esfuerzo no hay nada. ¿A qué le tendrá tanto miedo que nunca
puede relajarse? Papá en cambio es más atorrante. Calculo

---

10 Selección nacional de rugby.

que también debe esforzarse pero no se le nota. Es un buen actor. Todo el tiempo me dice que lo importante es que experimente, que me equivoque, ¿será que él no tuvo margen para hacerlo?

Al llegar al club estoy nervioso. En el fondo me siento un impostor. No me gusta taclear ni que me tacleen. No quiero recibir golpes ni que algo salga mal. Me encanta este deporte pero quiero jugarlo bien.

En los campeonatos estoy tan asustado que me paralizo. No quiero equivocarme y tengo miedo de que perdamos por culpa mía. Fantaseo que ganamos con una gran jugada mía aunque no sé ni cómo va a ocurrir si me da pánico tocar la pelota. Me angustio cuando me la pasan y quiero sacármela de encima para no cometer un error. Que se equivoque otro, que perdamos por culpa de otro.

Creo que el entrenador algo percibe porque mucho no me pone. Aunque como mis papás están mirando siempre me hace jugar un rato. Yo deambulo como un fantasma sin acercarme demasiado a las jugadas, escondiéndome como puedo detrás de los chicos que sí se animan.

Papá insiste en que me meta, en que esté en donde pasan las cosas, justo adonde yo no quiero ir. O sea, me encantaría pero no puedo. Quiero jugar porque me gusta pero tengo mucho miedo. Por eso los consejos de papá no me sirven para nada. Al revés, me presionan más.

El entrenador me vuelve a sacar de la cancha y aunque finjo decepción me siento aliviado. En el banco de suplentes estoy a salvo, ahí puedo alentar a mis compañeros, opinar, criticar. Lo riesgoso es jugar.

Después de un rato de estar afuera el técnico me vuelve a mandar a la cancha. Otra vez el suplicio. Sufro desde que entro hasta que salgo o hasta que el referí da por terminado el partido, esa es la liberación total.

Me tranquiliza darme cuenta de que a varios les pasa lo mismo. Tal vez seamos la mayoría, aunque no me animo a hablar de esto con nadie. Calculo que el ochenta por ciento de mis compañeros deben sentir algo parecido porque también se mantienen a distancia de todo. No se quieren meter. Y aunque algunos simulan mejor que otros los descubro porque es lo mismo que hago yo. Son unos cobardes. Somos. ¿Cómo voy a ser Puma si soy un miedoso?

El tercer tiempo es lindo: comemos la hamburguesa con la Coca y charlamos. Los pocos que juegan, los que se animan, son los ídolos de todos. No como nosotros, los cobardes, espectadores adentro de la cancha.

En el viaje de vuelta, papá —que se avivó de todo—, me saca el tema.

—Gordo, no tengas miedo de equivocarte, no pasa nada. Tenés que meterte en las jugadas, algunas saldrán bien, otras mal, pero no es grave. Lo importante es aprender.

Me busca por el espejo retrovisor y le sonrío con timidez.

—Cuando yo era chico me pasaba lo mismo que a vos: la pelota me quemaba. Me la quería sacar de encima rapidísimo, no fuera cosa que alguien me la quitara, nos hiciera gol y que mi equipo perdiera por culpa mía. Por eso me gustaba jugar de delantero así cualquier error que hiciera no nos costaba el partido.

Papá me vuelve a mirar por el espejo. Bajo la mirada aunque me tranquiliza saber que a él le pasaba algo parecido.

—El deporte **es como la vida. Los que juegan, sufren, se divierten, reciben golpes, se equivocan. Pero crecen. Los que se quedan en la platea solo opinan, viven la vida de otros.** Como cuando vamos a la cancha, viste. Desde la tribuna todos critican, son re machos. Pero si alguno tuviera que patear un penal en un partido decisivo se haría pis encima del miedo.

Me imagino teniendo que patear ese penal y me da pánico. No me gusta. Quiero la gloria pero odio correr riesgos. ¿Cómo voy a hacer para cumplir con mi sueño?

Percibiendo mi estado de ánimo papá me dice:

—**Crecer duele,** gordo, **pero vale la pena.**

No hay dolor más grande que no animarse a vivir.

Carta de un padre a una hija

(De ser solo un progenitor a convertirse en padre)

> *Las personas más bellas que encontré son las que*
> *conocieron la derrota, la pérdida, el sufrimiento y*
> *encontraron la forma de salir de las profundidades.*
> *Tienen sensibilidad, comprensión, compasión, una*
> *actitud amorosa. La gente bella no surge de la nada.*
>
> ELISABETH KÜBLER-ROSS

Medio dormido vi a tu mami con una sonrisa nerviosa parada al lado de la cama. Estaba por irse a trabajar y no quería irse sin contarme la noticia.

—Me parece que voy a ser mamá...

Apenas mis neuronas relacionaron aquellas siete palabras me levanté y la abracé fuerte. Sentí varias emociones juntas: alegría, responsabilidad, ansiedad...

—¿Por qué no me avisaste que te ibas a hacer el test?

—No sé, estaba nerviosa.

Resultó ser que era la quinta prueba de embarazo que

se hacía en secreto. Las cuatro anteriores le habían dado positivas pero ella quería estar bien segura. Igual, como obsesivos que somos (¿a quién habrás salido vos, hija?), fuimos a consultar al médico para ver si hacíamos algún estudio complementario. Nos frenó en seco.

—No se estaban cuidando, buscan un bebé, tenés un atraso y el test dio positivo. Estás embarazada.

Con esa sexta confirmación decidimos compartir la novedad con los más íntimos.

Durante los nueve meses del embarazo surgió el mejor programa del mundo: ir al obstetra a hacer los controles y verte en la ecografía. Mirando un pequeño monitor blanco y negro nos conmovimos al escuchar un sonido rítmico que resultaron ser los latidos de tu corazoncito. Creo que ahí mismo empezamos a amar a esa manchita que eras vos.

El día en que nos confirmaron que se trataba de una nena fue una pequeña decepción. Con tu madre nos costó hablar del asunto porque en el fondo sentíamos culpa de preferir un varón. El tiempo nos mostraría lo generosa que fue la vida en enviarte primero: tu sensibilidad y ternura empezaron a aflojar nuestras rigideces.

La noche del 2 de octubre mamá no se sentía bien. Se la pasó en el baño entre náuseas y vómitos. Como faltaban tres semanas para tu nacimiento no nos preocupamos demasiado pero a la mañana siguiente por las dudas decidimos ir al médico. Escuchó lo que le contamos, hizo algunas preguntas y después de revisar a mami dijo:

—Arrancamos.

Con mamá nos miramos nerviosos. El doctor llamó a la partera de su equipo.

—Tengo a una madre con trabajo de parto. Y está con un poco de susto...

En realidad no estábamos un poco asustados, ¡estábamos muertos de miedo! ¿A qué? No sabría decirlo bien, aunque seguramente a lo desconocido. En ese estado con la adrenalina a full caminamos hasta casa para preparar el bolso e irnos a la clínica. En el trayecto mamá se paró frente a un local de bebés y me dijo:

—¿Te gusta esa cuna? ¿La llevamos ahora o venís después?

La compramos en el acto porque vos te estabas anticipando y no habría después. En casa preparamos todo y nos fuimos al sanatorio. Ese 3 de octubre sería uno de los días más importantes de mi vida: me empezaba a enterar lo que significa ser padre. Verte salir del cuerpo de mamá fue impresionante; entre pujos, gritos, conversaciones de médicos y asistentes, apareciste vos y el mundo se detuvo. Pasé a ver lo que ocurría en cámara lenta. Todo era intenso, hipnótico, no existía nada más. Después de estar un rato en brazos de mamá te arroparon y fui con vos a que te midieran, pesaran y limpiaran.

Luego de todas esas rutinas algo crueles te envolvieron nuevamente en una mantita y me pidieron que te tuviera en brazos. Dejé de respirar cuanto te abracé contra mí. ¿Cómo era posible? No entendía nada. Esos deditos tan chiquitos y perfectos. Tus mini uñitas. Tus ojitos que parecían no parpadear. Tu piel rozagante.

En el cuarto te tuve toda la noche apoyada sobre mi pecho mientras mamá descansaba. Ni vos ni yo dormimos mucho, solo ratitos. Vos, porque seguramente estarías estresada después de semejante esfuerzo. Yo, por estar lleno de emociones y porque tenía miedo de que te deslizaras para algún costado y pudiera aplastarte estando dormido.

Desde el mismo momento en que saliste de la panza de mamá observabas todo con atención. ¿Qué verías? Me llamó la atención que contrario a lo que siempre se dice no llorabas ni una lágrima. Cuando esa primera noche nos miramos a los ojos mientras estabas apoyada sobre mi pecho conocí otros niveles de amor.

Pasaron los años y muchas cosas. Algunas difíciles, como cuando a la semana de nacer casi te morís porque a tu cuerpito le faltaba madurar y al respirar hondo a veces te ahogabas. O cuando les contamos a vos y a tus hermanos que nos íbamos a separar. O cuando mami te explicó que se habían muerto tus primos, o cuando en la sala de terapia intensiva lloramos juntos frente al abuelo a quien le quedaban pocas horas de vida.

Con tu madre cometimos grandes errores por ser brutos e ignorantes. Estábamos convencidos de que ser buenos padres era obligarte en muchos aspectos: ir al jardín cuando tenías un año o al cole los pocos días en que no tenías ganas; transmitirte una exigencia y una disciplina por momentos exagerada; que aprendieras a dormir sola o que fueras a los campamentos aunque tuvieras miedo, fueron solo algunos ejemplos de nuestra torpeza. Te pedimos perdón de corazón.

Otras veces, desbordados por nuestros problemas, fuimos incapaces de mirarte, de tenerte en cuenta. Solo queríamos que no nos molestaras porque la vida estaba apretando

mucho y no dábamos más. Nuevamente te pedimos perdón por ser tan limitados y desconocer que cuando nos exigías que te prestáramos atención, más que sobrecargarnos nos estabas ofreciendo la oportunidad de dejar de mirarnos el ombligo y aprender a amar.

Cuando al separarme me fui de casa te instalaste en nuestra habitación y le advertiste a tu madre que hasta que yo no volviera no te ibas a ir de ahí. Tres años más tarde te diste cuenta de que eso no pasaría y volviste a tu cuarto resignada. Cuando mamá me lo contó fue como si me clavaran un puñal en el corazón. Aun siendo lo más importante de mi vida no podía evitar decepcionarte. Esa noche cuando estaba solo en casa, lloré como un chico. Nuevamente te pido mil perdones.

Un sacerdote a quien le conté mi angustia por el sufrimiento que les estaba provocando a vos y a tus hermanos, me tranquilizó:

—No podemos evitarle el sufrimiento a nuestros hijos. Ni siquiera el que a veces nosotros mismos les ocasionamos. Pero lo que siempre podemos hacer es estar a su lado. Y eso hace toda la diferencia. Habrá muchas veces en las que no podremos impedirles el dolor, pero siempre podremos acompañarlos.

Cuando eras chica pensaba que tenías un carácter difícil, con el tiempo entendí que era otra cosa. Convencidos de que sabíamos mejor que vos qué era lo que necesitabas, con mami pasábamos por alto tus deseos. Inevitablemente vos estabas enojada con que no te diéramos mucho lugar para ser vos misma. Y fue genial que me enseñaras que esos malestares hay que manifestarlos y no tragárselos como hice yo. Me pasé la vida tratando de quedar bien con mis padres aun cuando eso implicara traicionarme a mí mismo. En cambio vos nunca entraste en esa dinámica y nos mostraste que había un camino más sano, para no pasarnos la vida buscando aprobación.

Aunque tampoco todo te iba a resultar tan fácil porque tenías nuestros genes. **Por ejemplo, cuando tenías cuatro años te golpeaste fuerte con una mesa y lo que más te dolió fue que nosotros lo hubiéramos visto. Como si tuvieras que ser perfecta, como si no pudieras cometer errores. Te indignaste con el hecho de que hubiéramos sido testigos de ese crimen horrible que habías cometido. No quisiste que te consoláramos, ni siquiera nos dejaste acercarnos. Esa tarde me pregunté qué estaríamos haciendo mal para que tuvieras semejante conducta.**

Las cosas empezaron a cambiar dado que el sufrimiento de tu madre y el mío nos volvieron sensibles al tuyo. Estoy convencido de que hoy somos mejores padres que cuando estábamos casados, no es que esté orgulloso de la separación —más bien lo contrario—, pero me consuela saber que ese dolor al menos sirvió para evolucionar como papás.

Desde esos tiempos he venido aprendiendo a conocerte. A tomar distancia de ciertos mandatos acerca de cómo educar a un hijo. Y también conteniendo mis agotamientos o desbordes que a veces me impiden mirarte. Pude empezar a percibirte y darme cuenta de que sos sensible, de un gran corazón, aguerrida, frágil, cambiante, competitiva, contradictoria, inteligente, linda...

Hoy, cada vez que te observo, que advierto tu libertad, me sorprendo y maravillo. **Me pregunto qué será de tu vida dentro de veinte o treinta años. No tengo respuestas, solo sé que si la vida me lo permite estaré al lado tuyo para ponerme contento con tus alegrías, escuchar tus problemas, tomarte la mano en tus angustias y abrazarte cuando estés triste. Como hacemos ahora, cada noche que voy a verte un rato a tu cuarto.**

Sos lo mejor que me pasó en la vida.

Poder ver al otro tal cual es —y no como quiero o como necesito que sea—, es el primer requisito del amor.

Amar es ayudar al otro a ser quien es.

El enfermo

(Cuando no podemos tolerar la realidad)

Me desperté todo transpirado después de haber pasado una noche horrible. Volaba de fiebre y no tenía fuerzas ni para levantarme. Sentí algo raro a los costados del cuello y al palparme encontré unos bultos que me dolían.

Bastó que le pidiera a mamá quedarme ese día en la cama para que se asustara. Claro, era algo completamente anormal para un hiperkinético como yo. Le mostré mi cuello y le conté que tenía chuchos de frío y no tenía fuerzas. Todo fue en vano: ni la fiebre, ni los ganglios, ni mucho menos mis palabras sirvieron para convencerla. Estábamos de vacaciones y a su criterio había que sacarle el máximo provecho al viaje.

Me paré como pude, me puse un jogging y unas zapatillas que dejé sin atar. Como sentía frío agarré una campera mientras mamá me preguntaba para qué la llevaba si el día estaba soleado. La miré con fastidio y fui a desayunar con ellos. Tomé un par de sorbos de café con leche y mordí un pedazo de tostada con la esperanza de que me dejaran en paz.

—Comé algo que te va a hacer bien —dijo papá ajeno a todo.

Cuando terminó el suplicio del desayuno fui a la sala de juegos del hotel. Había varios sillones así que aproveché para quedarme tirado toda la mañana sin que mis padres me hostigaran. Aunque hubiera estado mucho mejor en mi cama, al menos pude estar recostado. Me quedé viendo tele mientras otros chicos jugaban al ping pong, a las cartas y al pool.

En el almuerzo volvieron las presiones de mamá. Ella necesitaba verme comer para quedarse tranquila pensando que yo estaba sano. Aunque no tenía hambre hice un simulacro revolviendo el plato para despistarla. Terminada la actuación vino el mejor momento del día: la siesta de mis padres. Fue el rato en que pude hacer lo único que deseaba: acostarme. Habré dormido algo más de una hora hasta que empezó nuevamente el combate.

—Mami no tengo fuerzas, solo quiero quedarme en la cama.

—No podés quedarte durmiendo. Estamos de vacaciones así que vestite que nos vamos a andar en bici. Hay un circuito ecológico buenísimo.

Resignado, ofrecí menos resistencia. Me paré como pude y pasé el resto de la tarde sobreviviendo a la bicicleta y a mamá. El día siguiente fue parecido: pese a que los ganglios, la fiebre y mi agotamiento seguían igual, no tuve más remedio que deambular por los distintos sillones del hotel, huyendo de la mirada de mis padres. Solo a la hora de la siesta tuve otro rato de paz.

Así pasaron los días en los que la fiebre fue bajando de a poco y mis fuerzas mejoraron lentamente. Lo que no cambió fueron mis ganglios, que seguían hinchados. Cuando volvimos de las vacaciones retomé la vida normal: todo el día en el colegio y al salir me iba a fútbol.

Un domingo por la tarde y después de haber jugado mil partidos durante todo el fin de semana, el médico del club me preguntó:

—¿Te sentís bien? Pareciera que tenés ictericia...

—Sí... Hace unas semanas tuve fiebre y me salieron estos ganglios —le dije mostrándoselos—, pero ya me siento bien.

—¿Te llevaron al médico? —preguntó con cara de preocupación.

Negué con la cabeza.

—Sería bueno que te hicieras un análisis de sangre. Si querés hablo con tus padres.

Le agradecí contrariado y entré nuevamente a jugar mi último partido. Al terminar fui a la entrada del club y esperé que me buscaran. Apenas subí al auto les dije:

—El médico del club se preocupó por el color de mi piel y el tema de los ganglios. Dijo que tendría que hacerme controles.

Esas pocas palabras corrieron el velo de una realidad que aunque era evidente, mis padres no podían ver. Sentí la angustia y el enojo de mamá por no haberse dado cuenta. Tuvo que ser un desconocido y en forma casual el que descubriera que yo estaba enfermo. Esa noche cenamos en silencio.

Al día siguiente fui al colegio en doble turno como siempre. Al salir mamá me pasó a buscar y me llevó directamente a la hematóloga. La médica me revisó los ganglios mientras escuchaba la historia. Me sacó sangre y después de poner cara seria me dijo:

—Es muy probable que tengas mononucleosis. Normalmente con esta enfermedad hay que hacer reposo absoluto; ni siquiera podés ir a la escuela. Pero como hace tres semanas que estás así y no solo fuiste al cole sino que seguiste entrenando todos los días, no tiene sentido que faltes. De ahora en más lo único que vas a hacer es ir al colegio y volver a tu casa.

Sentí emociones contradictorias. Por un lado, no poder seguir jugando al fútbol era una catástrofe. Pero por el otro, estaba contento. Al fin se daban cuenta de que estaba enfermo, de que no estaba loco. Lo que no había pasado durante las vacaciones ocurría ahora. Más vale tarde que nunca.

Dos días después volvimos a lo de la hematóloga que nos confirmó el diagnóstico. Le pregunté lo único que me importaba.

—¿Cuándo voy a poder jugar al fútbol?

—Va a ser difícil que después de toda esta situación puedas hacer mucho deporte. Iremos viendo tu evolución pero andá pensando en algo más tranquilo —me respondió sin muchas nociones de psicología.

La miré con odio, **¿cómo iba a dejar mi pasión si era lo más lindo que me pasaba en la vida?** A mis catorce años ya intuía que **en la vida no siempre es posible hacer lo correcto. Los seres humanos venimos con un corazón.**

Durante la cuarentena varias tardes me escapaba a jugar al ping pong. No era lo mismo pero al menos servía para sobrellevar una espera que me resultaba eterna. A mamá le decía que me iba a hacer los deberes a la casa de un amigo. Y a nadie le llamaba la atención que volviera de estudiar todo transpirado.

Como mis parámetros sanguíneos tardaban en normalizarse, pasaron dos meses hasta que me dieron el alta. Finalmente llegó el día:

—Estás bien, ya podés hacer vida normal. Y si vas a jugar al fútbol jugá al arco.

¿Al arco? Traté, pero rápidamente volví a mí puesto de volante. Para que mamá no sospechara nada llevaba los guantes y la remera de arquero a todos los entrenamientos y partidos. Solo los sacaba del bolso para mojarlos y embarrarlos así todos estábamos en paz.

El problema de los problemas es que cambian. Cuando todo parecía acomodarse apareció un nuevo inconveniente: me eligieron para la selección juvenil. Semejante distinción volvió imposible seguir ocultando que no jugaba de arquero. Mis padres se enteraron por los diarios y lo vivieron con una mezcla de alegría y preocupación, dadas las apocalípticas profecías de la hematóloga.

—Es increíble que siendo médicos mis padres no hayan podido ver mi enfermedad —le conté muchos años después a mi terapeuta. Y que mi madre me obligara a salir de la cama pese a tener fiebre, el cuello lleno de ganglios y le dijera que no tenía fuerzas…

—Es que no lo toleraba…

—¿Pero te parece equivalente? Ella tenía cuarenta y cinco años y era médica. Yo tenía catorce y era el que estaba desparramado por la mononucleosis.

—No toleraba verte enfermo... —insistió con delicadeza.

—Pero el que se tuvo que parar aunque se sentía morir fui yo —protesté indignado.

El terapeuta me miró con compasión, ya había dicho lo que tenía que decir. Parecía que ahora el que no toleraba la situación era yo. Como la mayoría de las personas estaba convencido de tener razón. Que mi madre me obligara a hacer algo que yo no podía, solo para sentirse tranquila porque no toleraba mi enfermedad me parecía un delirio. Igual, la idea de *no lo toleraba* me quedó dando vueltas en la cabeza.

Como soy una de esas personas que se enorgullecen de decir la verdad a cualquier precio, empecé a cuestionarme los límites de semejante postura. **¿Tendría sentido decir una verdad que el otro es incapaz de procesar?** "No intentes enseñarle a cantar a un cerdo porque perderás tu tiempo y conseguirás irritarlo".[11]

Me pasé semanas dándole vueltas al asunto, ¿serviría contarle a mi madre lo que había hablado con el terapeuta? Por un lado, sentía la necesidad de hacerlo, y por el otro, no quería exponerme a más desencuentros.

Ella vivía buscándome, tratando de que tuviéramos una relación fluida y profunda. Yo en cambio trataba de mantener cierta distancia. Tantas veces me había sentido ignorado que abrirle mi corazón me resultaba imposible. Si en algún

---

11 Confucio.

momento aprendía a escuchar y justamente a tolerar lo que tuviera para decirle, quizás pudiéramos profundizar nuestro vínculo. Pero mientras siguiera rechazando lo que no soportaba como había hecho con mi enfermedad, no había chances.

Almorzando con ella un domingo la encontré particularmente receptiva. Después de pensarlo durante toda la comida decidí jugármela. Mientras tomábamos el café le conté la historia ocurrida treinta años atrás, deseando que no me interrumpiera ni negara lo que le estaba compartiendo. Ella miraba asombrada como si todo eso le hubiera pasado a otras personas.

Cuando terminé se hizo un largo silencio. Por suerte no se defendió ni intentó justificarse. Balbuceando me confesó que no se acordaba de mi mononucleosis. ¿Cómo era posible que no recordara la enfermedad más grave que tuve? No lo toleraba, diría el terapeuta. Después de estar otro rato callados me agradeció que le hubiera contado. Me pidió disculpas por lo que había hecho y con la mirada perdida me dijo:

—A mí me pasó algo parecido. Cuando tenía treinta años tuve una hepatitis gravísima. Tu papá decía que me dejara de jorobar porque no era tan grave. Mi hermana estaba segura de que yo me iba a morir y como a ella le hacía mal verme en ese estado, no me visitaba. Y tu abuela llegó a desconectarme la sonda para que fuéramos a ver una película. Yo que no podía sostenerme y ella queriendo ir al cine. Por suerte los médicos la frenaron.

Le agarré la mano y se la acaricié.

Pensé en todo el sufrimiento que podemos generar, cuando el otro intuye que no toleraremos su verdad. Y en donde el principal problema no es el hecho en sí —en este caso una enfermedad—, sino el sentimiento de soledad al que lo condenamos, cuando percibe que no tiene ningún margen para expresar lo que le pasa.

No hay peor soledad que sentirse solo estando con alguien. No hay nada más sanador que la intimidad.

Abrir las piernas
(Heridas afectivas que condicionan nuestra vida)

Somos lo que hacemos con lo que nos hicieron.

JEAN-PAUL SARTRE

—Mi madre diría que esa mujer lo único que hace es abrir las piernas...

—¿Qué querés decir?

—Según mamá, las mujeres que no eran profesionales e independientes, eran como una especie de parásitos que vivían de manipular a sus maridos a través del sexo. Toda una ironía que fuera una feminista quien lo decía, y no un hombre...

Luis se quedó pensativo, quizás imaginando lo que yo habría sufrido expuesto a esa toxicidad. Con delicadeza me dijo:

—También se pueden abrir las piernas por amor...

Esas ocho palabras me desparramaron.

¿Abrir las piernas —entregarse— por amor?

Luis ni se debe haber enterado del terremoto que me generó con ese comentario.

Cuando era chico mamá clasificaba a las mujeres en dos grupos: las que trabajaban y las que abrían las piernas. Ella, obviamente, estaba en el primero. Un grupo que solo ella integraba, porque el resto de mujeres profesionales no le llegaban ni a los talones. Con mis hermanos nunca abríamos la boca en este tema porque sabíamos que era un asunto sensible y teníamos miedo de desatar una tormenta.

Crecimos percibiendo un desprecio por las amas de casa, las mujeres que no fueran profesionales, o dependieran económicamente de sus maridos. Para mamá no tenían ningún valor. Ella, en cambio, hacía de madre, esposa y además trabajaba mucho para que viviéramos como reyes. Algo que solo ella había decidido, pero que siempre nos facturaba.

¿Mamá habrá podido entregarse por amor? ¿Habrá sido capaz de recibir no solo el cuerpo de un hombre, sino y sobre todo, su alma?

Estaba claro que no había manipulado a papá para ser mantenida, aunque no lo había hecho por virtud sino porque su propia madre la había educado para no depender de los hombres, que suelen ser volátiles. Las familias son la mejor fuente de transmisión de valores positivos, y negativos.

¿Su familia se habrá dado cuenta de que el precio de esa "independencia", por no decir trauma, fue mutilarle una parte de su emocionalidad? O sea, ¿acaso no había margen para ser independiente y afectivo? ¿Eran uno u otro?

Volviendo a mamá, me pregunté si esa imposibilidad de entregarse habría sido solo con papá —con quien tenía un matrimonio disfuncional—, o si también habría sido así con todos los hombres que pasaron por su vida. No hizo falta pensar mucho para asumir que era improbable que ella hubiera vivido una experiencia amorosa con alguien.

Analizando me di cuenta de que el amor de pareja tampoco había existido entre mis abuelos. No había ninguna atmósfera amorosa en su casa sino que se soportaban con frialdad y distancia. ¿Cómo podría mi madre transmitirme lo que ella nunca había vivido? ¿Y cómo podría saber yo de qué se trata el amor, cuando eso es básicamente una experiencia?

En medio de tanta inquietud apareció una pregunta perturbadora: ¿cómo son mis vínculos con las mujeres? Tuve miedo de pensarlo, como si evitar la verdad fuera menos doloroso.

Me puse a repasar mis principales relaciones. Mi primer noviazgo con Inés había durado algunos años y para ambos significó nuestro debut afectivo y sexual. Era difícil evaluar si me habría amado, porque ¿puede un adolescente conocer el amor? ¿O el amor verdadero solo es posible en la madurez?

Recordando una infinidad de situaciones asumí que Inés se había entregado al amor. Bien o mal, con los pocos recursos emocionales que teníamos a esa edad. Me di cuenta de que ella tenía una gran capacidad de amar. ¿Y entonces por qué nos separamos? No encajaba en el perfil de mujer que mamá me había grabado a fuego. Toda una ironía que mi madre, al programarme para buscar mujeres independientes como ella, también me hubiera condenado a estar con personas con sus mismas dificultades afectivas.

Después de unos años de relación en los que nos dirigíamos inexorablemente al matrimonio, pateé el tablero. No podía estar en pareja con una mujer que mi madre tácitamente vetaba. Me dio tristeza pensar en todas las manifestaciones amorosas de Inés, que fui incapaz de percibir y mucho menos valorar.

Para mamá acompañar al otro, hacerle un regalo que estuviese cuidadosamente planeando, mimarlo, eran cosas de mujeres que estaban todo el día sin hacer nada y por lo tanto, sin ningún valor. Fiel a esa educación yo pensaba igual. ¿Hace falta aclarar que mi madre nunca pudo cocinar un plato rico, esperarnos con un baño de espuma, o comprarnos algo que significara un mimo? Ni hablar de contenernos, cuando vivía desbordada por su propia vida.

Después de unos años de soltería ardiente conocí a quien sería mi primera esposa. A diferencia de Inés, Carolina era bien independiente. Tuvimos un romance fuerte, que en el fondo se debía a que Caro cumplía con todos los requisitos establecidos por mamá.

Me angustié de solo pensar que quizás ella nunca se habría entregado. ¿Pero era lógico semejante planteo cuando estuvimos quince años juntos y tuvimos dos hijos? ¿Será que Carolina nunca me amó? Te amó con lo que pudo, con lo que tenía, intenté tranquilizarme.

Sus dificultades para amar también tenían que ver con su historia de vida. Me acordé de todas las veces que la vi llorar, tironeada entre su deseo de ser una mamá presente y tener que ser una gran ejecutiva. Fui testigo de su dolor al llegar tarde del trabajo y no poder pasar más tiempo con nuestro hijo recién nacido. Ella no podía dejar de trabajar tantas horas diarias. Y yo, ¿por qué no hice nada? ¿Por qué no la ayudé a aflojar su exigencia y pasar más tiempo con el bebé, que era lo único que esa pequeña familia necesitaba? Hoy sé que no tenía margen para ayudarla porque mi educación me impedía estar con una esposa que se dedicara a sus hijos.

Me di cuenta de que pese a estar casados tantos años tampoco la pude amar. Mis condicionamientos y escasos recursos emocionales no me lo permitieron. Amar requiere ser capaz de ver al otro y yo solo lo había hecho a través de los lentes de mis mandatos. "Amaba" a esa mujer exitosa, independiente, autónoma. La que había soñado mamá.

Nos habíamos encontrado, enamorado, llevado muy bien, pero todo dentro de un individualismo que no daba lugar al amor. El amor requiere enchastrarse, mezclarse con el otro, transformarlo y ser transformado, aún sin su consentimiento. Poco de eso pasó en nuestro matrimonio; mucha paridad, respeto, coordinación... y aislamiento. Mi terapeuta lo dijo con claridad:

—Usted no se separó porque se enamoró de otra mujer...

—¿Ah no, y por qué me separé?

—Por la inmadurez de ambos...

—¿O sea que con cuarenta años, quince de pareja e hijos adolescentes soy inmaduro?

—Si le sirve de consuelo, como casi todas las personas.

Tardé años en comprender la sabiduría de esas palabras.

Como pude, seguí revisando otras parejas. Sin lugar a dudas Romina se había entregado en cuerpo y alma. **Fue de esos amores que nos sirven para descongelar nuestra emocionalidad.**

Romina fue encontrar nuevamente el calor que me había dado Inés, aunque mucho más potente por la madurez que teníamos. Y con una enorme diferencia: en vez de descalificarlo como había hecho con mi primera novia, me conmoví. **¿Cómo fue posible que durante décadas eligiera una vida gélida, solo valorando la autosuficiencia del otro y despreciando su calor, su afectividad? ¿Por qué fui tan incapaz de recibir amor?**

Parecía lógico que estuviera acostumbrado a vivir sin amor porque no lo viví en casa. Pero me llamaba la atención que lo hubiera despreciado cuando lo tuve, porque no cerraba con el mandato materno o porque me resultaba extraño.

En un mar de dudas, me pregunté si estaba seguro de que Romi me hubiera amado, o si solo sería el efecto alucinógeno del flechazo.

El enamoramiento suele confundirnos porque lo distorsiona todo. La ciencia ha descubierto que en el cerebro produce el efecto de una droga dura. No vemos a la persona que tenemos enfrente sino a la que necesitamos ver. La que vendrá a completarnos, a sanar nuestras heridas y carencias. La que nos redimirá de nuestros pecados, de nuestra vida problemática. Pero claro, todo romance tiene sus doce de la noche cuando la Cenicienta deja de ser princesa y vuelve a ser quien es. Por eso el verdadero amor exige que seamos capaces de ver al otro tal como es.

Definitivamente Romina me había mirado. Yo no sé si fui capaz de verla tal cual era, o si mi actitud amorosa fue de esas cosas que hacemos los hombres porque nos gusta fingir que somos Superman. Al final fue inevitable que la realidad nos separara porque **¿qué cosa buena puede surgir en una pareja unida por sus fantasías y necesidades?**

Repasando más historias encontré que otras mujeres me habían mirado con amor. ¿Habrían sido sinceras o solo serían las alucinaciones del sexo cuando estamos con alguien con quien tenemos mucha piel?

Tuve un sentimiento de enojo, como si me sintiera estafado. ¿Por qué nadie me amó como corresponde?

¿Y yo?

Esta última pregunta dejó expuesto mi narcisismo. **¿Cómo amar al otro si tengo tanta necesidad de que me amen a mí?** Vi que la exigencia de que el mundo girara a mi alrededor mío tenía su origen en las carencias afectivas que sufrí.

Pensé en lo difícil que es amar. Condicionados por nuestras heridas e imposibilitados de ver al otro, nos pasamos buena parte de la vida tironeando, exigiendo a los demás aquello mismo que somos incapaces de ofrecer.

Como no lo experimentamos de chicos, nos cuesta mucho vivirlo de grandes. Igual que mi pobre madre, vivió sin haber recibido amor y sobre todo, sin haberlo dado.

Me di cuenta de que no podía seguir dependiendo de que otros me amaran bien. Lo único que estaba a mi alcance y haría toda la diferencia era cuánto amor estaba dispuesto a dar yo.

El amor no demanda ni exige. Solo ofrece y recibe.

Agradecimientos

En primer lugar, quiero agradecerle a Laura Gutman, que apenas le pregunté si podía escribir el prólogo, no dudó un instante y lo hizo con total generosidad.

A Juan Boido, que en largas veladas —presenciales y telefónicas durante la pandemia— me ayudó a pensar un libro mejor.

A unos cuantos amigos que leyeron mis borradores y me dieron valiosos comentarios; especialmente a Diego Tillous, Julián Gallo, Alicia Szogas, Daniel Malnatti, Guillermo Raffo.

A distintos escritores que de diversas formas me ayudaron con este libro: Santiago Llach, Daniel Guebel, Carla Pandolfo, Lisandro Varela, Fabiana Fondevilla, Verónica Podestá, Magalí Etchebarne.

A Victorino Mareque y a Mariángela Guevara, por la sabiduría que siempre me regalan.

A mi maestro Alberto Lederman, que está presente en toda mi vida.

Los últimos son los primeros: a mi familia, que amorosamente acompañó el aislamiento que conlleva escribir. A mi novia Shadia, que además de bancar todos los tiempos que le dediqué a este libro, me aportó otras perspectivas sobre las historias.

Índice

Un elefante en la habitación de Juan Tonelli
se terminó de imprimir en enero de 2024
en los talleres de
Litográfica Ingramex, S.A. de C.V.,
Centeno 162-1, Col. Granjas Esmeralda, C.P. 09810,
Ciudad de México.